人人都应掌握的经济学

（双色手绘图解版）

速溶综合研究所 万云飞 著

人民邮电出版社
北京

图书在版编目（CIP）数据

人人都应掌握的经济学 ：双色手绘图解版 / 速溶综合研究所，万云飞著. -- 北京 ：人民邮电出版社，2020.1
ISBN 978-7-115-49850-2

Ⅰ. ①人… Ⅱ. ①速… ②万… Ⅲ. ①经济学－通俗读物 Ⅳ. ①F0-49

中国版本图书馆CIP数据核字(2018)第249780号

内容提要

一桶大米就能够说清楚“价格弹性”，一个古瓷瓶就可以讲明白“稀缺效应”，一把青菜就可以读懂“蛛网理论”……本书使用紧贴日常生活的有趣小例子和轻松活泼的手绘图解，为你分析、解答冷硬的数据、晦涩的效应和难懂的理论，让你快速吃透经济学的常识用语,帮助你轻轻松松读懂经济学。

本书既可以作为从未接触过经济学专业知识的读者的入门读物，也可以作为经济学教育人员的相关参考用书。

◆ 著　　　速溶综合研究所　万云飞
责任编辑　李士振
责任印制　周昇亮
◆ 人民邮电出版社出版发行　北京市丰台区成寿寺路 11 号
邮编　100164　电子邮件　315@ptpress.com.cn
网址　http://www.ptpress.com.cn
北京鑫丰华彩印有限公司印刷
◆ 开本：880×1230　1/32
印张：6.875　2020 年 1 月第 1 版
字数：288 千字　2020 年 1 月北京第 1 次印刷

定价：59.80 元

读者服务热线：(010)81055296　印装质量热线：(010)81055316
反盗版热线：(010)81055315
广告经营许可证：京东工商广登字 20170147 号

目录

第 1 章

市场经济学

1. 分工、货币与市场 …… 002

2. 金融市场——玩转资金 …… 006

3. 需求与供给——搅动价格的两股“旋风” …… 012

4. 均衡价格与相关商品——观察供需的两面“放大镜” …… 018

5. 价格弹性——为什么大米再贵也有人买？ …… 022

6. 稀缺效应——泥土遍地凭人弃，黄金难寻价格高 …… 027

7. 蛛网理论——困扰农民伯伯的可怕“魔咒” …… 031

第 2 章

厂商经济学

1. 眼镜行业真的是暴利行业吗？ …… 038

2. 生产要素——每一种要素都要兼顾 …… 042

3. 生产成本与规模经济——算好成本账最关键 …… 047

4. 边际收益与边际成本——赚取利润有妙招 ······ 052

5. 垄断与竞争——弱小厂商成鱼肉，霸道厂商占寡头 ······ 057

6. 差别定价——为什么景区的水总是卖得比较贵？ ······ 063

7. 厂商博弈——为什么价格博弈方总是无法理性？ ······ 067

8. 行业的生命周期——衰退行业转型跑，幼壮行业机遇好 ······ 072

第3章 货币经济学

1. 我们无法想象没有货币的世界 ······ 078

2. 货币——让交易更便捷 ······ 083

3. 货币的层次——M0、M1、M2货币供给“三兄弟” ······ 088

4. 通货膨胀——让人们财富缩水的“罪魁祸首” ······ 093

5. 通货紧缩——经济延缓背后的原因 ······ 098

6. 中央银行与商业银行——银行可不是福利机构 ······ 103

7. 利息与利率——借贷要合法，高利贷莫触碰 ······ 110

8. 货币政策——货币并非越多越好 ······ 116

9. 外汇汇率——留学、出境游你都需要知道 ······ 121

第4章
消费经济学

1. 消费观——什么样的“购物车”最合理？ 128
2. 谨慎的“理性人”——懂得适度的合理消费 132
3. 恩格尔系数与基尼系数——幸福的意义是温饱与富足感 136
4. CPI与PPI——影响消费者钱包大小的两大指数 141
5. 替代效应与收入效应——买什么？什么时候买？ 146
6. 边际效用——第一碗饭才好吃 151

第5章
时事热点经济学

1. 一份令人欣喜的成绩单 158
2. “四限”与“去库存”——房地产市场排兵布阵 162
3. SDR——人民币的“纸黄金”之路顺利搭起 166
4. 共享单车——骑行费用低就代表赔本？ 169
5. 跨境电商——海购平台增多，消费者购物更便捷 174

第 6 章

国际贸易经济学

1. 世界经济总体趋势向好 …… 180

2. 欧盟——用一种声音说话 …… 184

3. 世界贸易组织——关心各经济体的“媒人” …… 189

4. 国际货币基金组织与世界银行——“同胞兄弟”成长史 …… 194

5. 亚洲基础设施投资银行——东方区域合作的典范 …… 198

6. 国际金融危机——牵一发而动全身 …… 203

7. 贸易壁垒——高质量的商品才是适合世界的商品 …… 208

第1章

市场经济学

市场是交易的场所，容纳了各种各样的经济现象。它千变万化，既可以有形，也可以无形。人们游走在市场间完成各项交易，成为市场不可缺少的主体。市场中处处可见供给和需求两方，每个人都可以在供给方和需求方之间转换。

1. 分工、货币与市场

在日常生活中我们经常可以听到“市场”这个词。在古文中，“市”有买卖货物之意（即交易），“场”即场所。如今所说的“市场”指的就是交易的场所。

分工——交易的基础

在社会未出现分工之前，人们生活在自给自足、男耕女织的小农经济社会中，没有太多商品，人们自己种植蔬菜、养殖动物来食用，自己织布做衣服来抵御寒冬。“莫笑农家腊酒浑，丰年留客足鸡豚”描述的便是古代村民自己酿酒、养鸡用以招待客人的情景。

随着社会的发展以及劳动分工的明确，社会上开始出现了一些从事专业化生产的人：擅长养牛的牧民专门养牛；擅长织布的纺织工专门织布；擅长种地的农民专门种地……由于每个人在自己所擅长的领域里劳动，因此生产力大大提高。

随之也出现了一个问题：纺织工需要吃蔬菜；种植蔬菜的人需要穿衣服。于是为了满足双方的需求，便产生了交换，种植蔬菜的人将自己的一部分蔬菜与纺织工的一部分布匹进行交换，于是双方都得到了自己想要的东西。

货币——交易的媒介

交换使社会中每个人的生活状况得到了改善，交换需要通过某种媒介来完成。由此，便产生了货币。

人们参加工作，得到货币报酬，然后用这些货币购买自己需要的商品。货币的诞生使交易可以克服时间与空间的障碍，极大地降低了交易的难度，促进了市场的发展。

市场——交易的场所

随着分工程度的日益加深，交换行为的日益频繁，市场所交换的商品种类也越来越多。为了交易方便，各种各样的商品总有其不同的买卖地点。

那么它们所属的市场是如何变化的呢？

随着市场交易各方条件的成熟，集中的交易地点开始出现。在我国，最早的商品交易常在井边进行，所以市场最初被称作“市井”。

后来随着交易范围不断扩大，魏晋南北朝时期出现了草市。草市指城外的市集，并非指居民在草地上交易。它之所以被叫作“草市”，民间有两种说法：一种是因为交易地点的房舍都用茅草建成；另一种是指买卖草料的集市。

到了宋朝，城市中“市”与“坊”的界限被打破，交易活动不再受官府的直接监管。“市”分散在城市中各处，“草市”在城郊及乡村分布广泛。在这个时期还出现了闻名遐迩的商业名镇，如佛山镇、景德镇等。

经过千百年的发展，市场上交易的商品种类越来越多，商品交易时间与地点的限制逐渐被打破。现在，市场在生活中随处可见，消费者甚至足不出户，就可以在网上的交易平台进行购物。

现代的多层次市场

经济学术界对市场是如何划分的呢？

在经济学中，市场分很多种类，按照交易的对象可划分为商品与服务市场、金融市场、劳动力市场等。

市场的分类

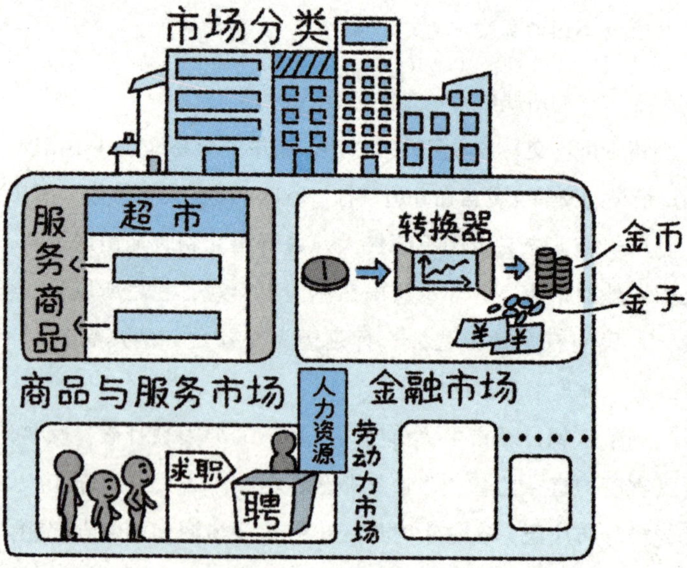

商品与服务市场

商品与服务市场是指我们通常买卖东西的市场。除了买卖实体商品之外，我们也可以买卖虚拟产品。“服务”在该市场中则可看成是以服务为基础的商品，例如打车服务、心理咨询服务、家政服务等。

金融市场

金融市场是指交易各种有价证券的场所，如股票、债券等。人们在金融市场中所交易的产品往往不是生活中的必需品，而是人们为了实现资产的保值与增值购买的各种产品。

劳动力市场

劳动力市场是由于人们需要就业获取劳动报酬，而工厂需要员工，双方合作所形成的雇佣关系市场。

结语

商品与服务市场确保人们能够买到自己想要的商品和服务，让生活变得更美好；金融市场交易的各种股票债券促使经济快速发展；劳动力市场则稳定了社会关系。除了以上3种市场外，还存在信息市场、技术市场。不同的市场同时存在，共同促进了社会经济的发展。接下来，我们将具体介绍市场中的商品与货币、金融市场等，为大家揭开市场的神秘面纱。

2. 金融市场
——玩转资金

人们在生活中经常可以听到“金融市场”一词。该词在各类经济报道中也时常出现。那么，金融市场该如何定义？它又有哪些功能与作用呢？

什么是金融市场？

在商品与服务市场中，厂商生产商品，是商品的供给者；消费者消费商品，是商品的需求者。供给方和需求方之间进行交易，于是就形成了商品与服务市场。

资金属于一种特殊的商品，在社会中有资金的需求者，也有资金的供给者，供给者与需求者之间进行交易，便形成了金融市场。

厂商扩大再生产，企业投资一个新项目，基建部门修路、修地铁，居民贷款买房……这些都出现了资金的需求。而一些企业、家庭和高净值的个人又存在着资金的盈余，并且当盈余资金在他们手中没有较好的理财方式时，他们就需要找到良好的投资渠道，于是便形成了资金的供给。而金融的本质是指资金融通，资金从资金的盈余方通过一系列的渠道转向了资金的需求方。资金从盈余方手中流入到需要它的地方，就可以扩大再生产，同时产生收益，实现资金配置的优化。

例如，互联网公司阿里巴巴在 1999 年获得孙正义 3 500 万美元的投资。在获得投资前，阿里巴巴创始人马云发现电子商务领域存在巨大的投资获利机会，但却没有足够的资金进行企业扩大规模，而风险投资家手中有大量的资金。只有获得投资，阿里巴巴才能实现企业内部资源的配置优化。

什么是金融市场？

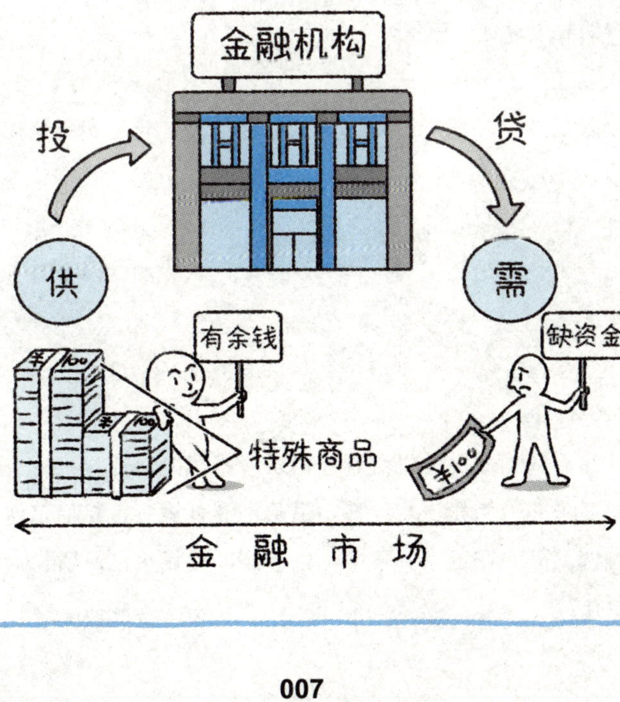

金融市场的组成要素

金融市场主要由以下4个要素组成。

资金的供给者与需求者

企业、金融机构、外商乃至每个人都能成为资金的供给者与需求者。当我们为了买房、买车到银行办理贷款手续时，我们便成了资金的需求者；而当我们把资金存入银行或投入股市中时，我们便成了资金的供给者。

信用工具

信用工具是指金融市场上重要的交易对象。资金从资金的供给者流向资金的需求者时，便需要各种信用工具作为凭证。例如，借钱产生的借条（债务）；在投资某家公司时，投资人占据一定股份所获得的股权凭证（股票）等都是信用工具。

信用工具的分类方式主要有两种，分别是按照信用形式划分与按照期限划分。按信用形式可分为商业信用工具、银行信用工具、证券投资信用工具等；按期限划分可以分为短期、长期、不定期信用工具。长、短期信用工具的划分没有明确的标准，一般1年以上的信用工具为长期信用工具，1年以下（含1年）的信用工具为短期信用工具。

信用中介

商品市场由商品的供给者和需求者组成，而连接供给者与需求者的便是中介。例如，商场采购员从厂商处进货，然后消费者在商场中挑选商品。在这个例子中可以看到，商场采购员所扮演的角色就是中介。

> 我们所熟知的银行便是最常见的信用中介，人们将钱存入银行，银行再将钱转贷给他人。在股票市场中，证券交易所也充当着信用中介的角色。在生活中我们常见的信用中介还有基金公司、小额贷款公司等。

同样，资金从盈余方流向需求方需要在中介的促进下完成。由于信息的不对称，当我们有钱想投资时不知道谁需要钱；当他人缺钱时又不知道谁有钱且愿意投资。这便是信用中介存在的主要原因。

价格

价格是金融市场的重要组成要素之一。金融市场的价格是指它所代表的价值，即规定的货币资金及其所代表的利率或收益率的总和。通俗地说，金融市场的价格就是利率、汇率及各种证券的价格。

市场上存在的各种信用工具，不管是股票、债券还是各种金融合约，都有与之相对应的价格。股票的价格对应股价；债券的价格可以理解为它的利率；金融合约在交易的过程中也会形成其价格。商品的价格能够调节商品市场，使得供给和需求达到平衡。同样，金融市场的信用工具价格也可以调节资金的供给和需求，从而影响金融市场。

金融市场体系的分类

根据金融市场上交易工具的期限，金融市场主要被分为货币市场和资本市场两大类。

货币市场

货币市场是融通短期（在1年以内）资金的市场，包括同业拆借市场、回购协议市场、商业票据市场、银行承兑汇票市场、短期政府债券市场、大面额可转让存单市场等。货币市场的特点是安全性高、流动性好，可以随时申请取出，但其收益率较低。

例如，余额宝便是一种常见的货币市场基金。人们将资金投放在余额宝中，由余额宝对资金进行统一的投资管理。余额宝的投资领域主要在货币市场，可以投资在1年以内的银行定期存款、大额存单等。

资本市场

人们经常谈论的“股市”便是一种资本市场。股市是上市公司股权交易的地点，而股票便是交易的对象。同样，常见的中长期债券也是一种资本市场信用工具。符合条件的股份有限公司可以发行债券进行融资，并承诺付给投资者一定的利息作为回报。除了上市公司外，金融企业、政府机构也可以通过发行债券获得资金。

资本市场是融通长期资金的市场，包括期限在1年以上各种资金借贷和证券交易的市场。资本市场的特点是融资期限长、流动性相对较差、资金借贷量大、价格变动幅度大、风险大、收益率较高。

货币市场与资本市场

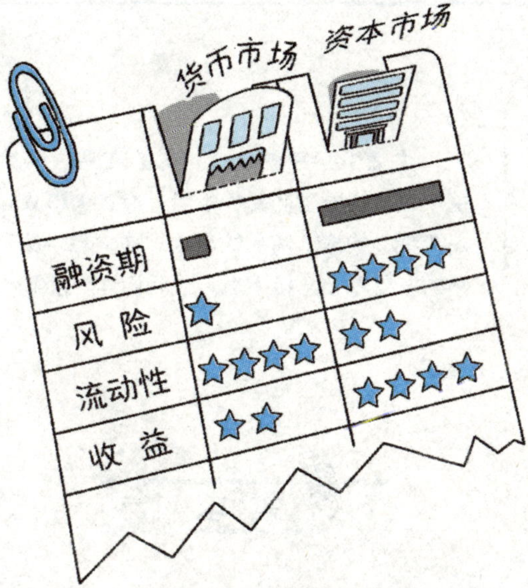

结语

资金的供给者与需求者共同促进了金融市场的形成。除此之外，金融市场还有3大组成要素，分别是信用工具、信用中介与价格。金融市场包括货币市场与资本市场两种。我们常见的互联网理财产品多为货币市场基金，如余额宝等。

3. 需求与供给
——搅动价格的两股“旋风”

生活中存在着各式各样的商品。厂家是商品的生产者，构成了商品的供给，而广大群众则是商品的消费者，构成了商品的需求。需求和供给是研究经济学的重要基础。接下来，让我们详细了解一下吧！

需 求

什么是需求曲线？

在经济学中，需求是在某种特定情况下，消费者愿意且能够购买商品的数量。

需求要满足两个条件：第一是消费者愿意购买；第二是消费者能够购买。这两者必须同时满足才是经济学意义上的“需求”。

“愿意购买”指该商品能够满足人们的需求，例如在生活中，人们对衣服、食品、交通工具、住房的需求等，而“能够购买”则指有能力购买，例如，每个人都需要房子，但并非每个人都能承受得起房价，因此，对于无法承受房价的人来说，房子便不是经济学意义上的“需求”。

对需求影响较大的因素是价格。当商品价格上升时，人们对该商品的需求下降，反之，人们对此商品的需求上升。

当牛肉 38 元1斤时，有的人觉得贵，而选择不买牛肉，于是牛肉的总需求量下降，而当牛肉便宜了 10 元，只要28 元1斤时，买牛肉的人数就会变多，牛肉的总需求量就会随之上升。

在经济学中，反映需求与价格之间关系的曲线被称为需求曲线，如图1-1所示，其中，纵坐标代表价格，横坐标代表需求量。当价格上涨时，需求量下降；当价格下跌时，需求量增加。

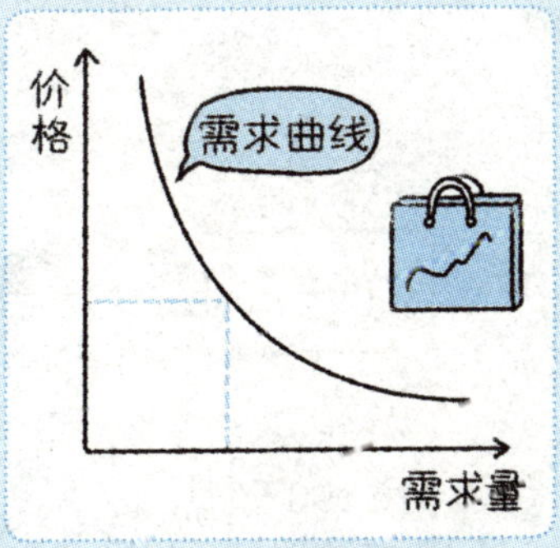

图1-1

影响需求的其他因素

在生活中，除了商品价格之外，还有哪些因素会影响人们对某种商品的需求量呢？

收入

当升职加薪时，人们可能会购买平时舍不得购买的商品或吃大餐以奖励自己；相反，当工资下降甚至失业时，人们可能会降低购物的欲望。对于大多数人来说，当其收入上升时，购买力上升，有能力购买更多的商品，对商品的需求也会上升；当其收入下降时，购买力下降，生活比较拮据，从而对商品的需求也会下降。

消费者偏好

除了收入带来的影响之外，消费者的偏好也会对商品的需求产生较大影响：当人们对某种商品的好感度上升时，在其他因素相同的情况下，其需求量便会上升；相反，其需求量则会下降。

例如，当禽流感爆发时，人们对禽肉类食品的好感度降低，对素食的偏好度增强，于是人们对蔬菜、水果的购买量会大幅增加，这就是偏好影响需求。

除此之外，区域差异也会左右人们的偏好。例如，中国北方人爱吃面食，面粉在北方需求高，销量好；南方人爱吃大米，大米在南方卖得更好！

供给

什么是供给曲线?

供给是指在某种情况下，供给者愿意而且能够出售商品的数量。与需求类似，供给也会随着价格的变动而产生变动：当价格上涨时，供给量增加；当价格下降时，供给量减少。

在生活中大多数商品都是如此。当西瓜价格上升时，农民伯伯就会选择种植更多的西瓜，从而使得供给量上升；可是当西瓜价格下跌时，农民伯伯也就不愿意种西瓜了，从而使得西瓜的供给量减少。

在经济学中，反映价格与供给之间变化关系的曲线被称为供给曲线，如图1-2所示，其中，纵坐标表示价格，横坐标表示供给量。价格上升，供给量随之增加；价格下降，供给量随之减少。

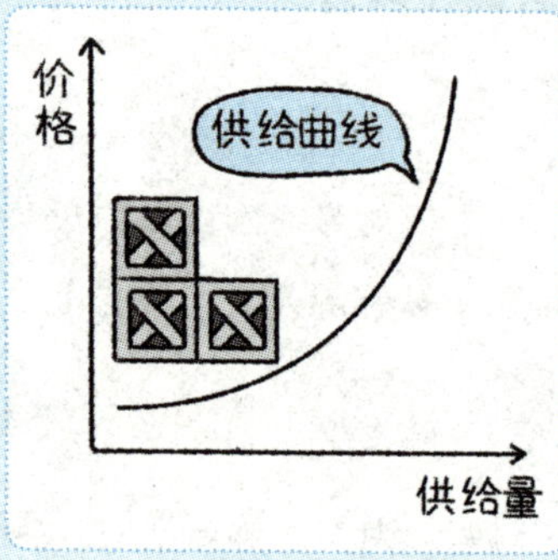

图1-2

影响供给的其他因素

生产成本

生产成本上升，供给量随之减少，反之供给量增加。

以面包为例，当面包价格不变，而面包的原料面粉价格上涨时，生产面包的成本上升，面包房经营者的利润降低，将会使面包的供给量减少。当面粉价格下跌时，面包的生产成本下跌，面包房经营者的利润上涨，将会增加面包的供给量。

技术水平

在一般情况下，生产技术水平的提高可以降低生产成本，从而使生产者提高产量，使供给量上升。

在工业革命前，纺织厂采用人工纺织的方式，生产效率极低，而在工业革命之后，出现了螺机、水力织布机等，在相同条件下，其能够生产的布匹量大大增加，从而使供给量增加。

成本与技术影响供给

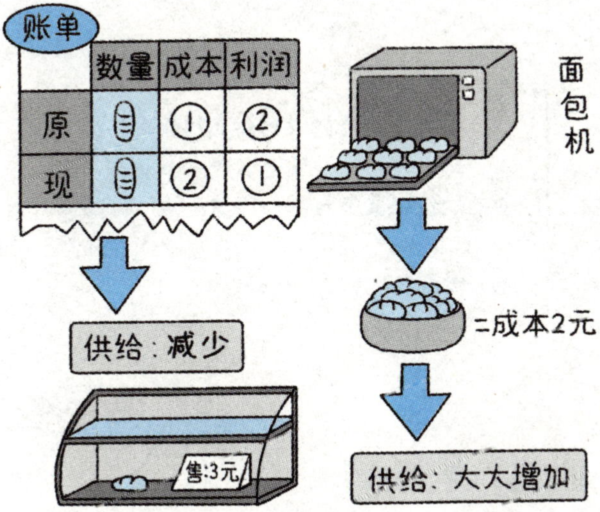

结语

需求与供给的共同作用会影响商品的价格。人们根据商品供求与价格的关系得出了供给曲线与需求曲线。价格与需求呈反比，商品价格上涨，人们就会减少对该商品的购买。

4. 均衡价格与相关商品
——观察供需的两面“放大镜”

如果把商品的供给曲线和需求曲线画在一张图上，那么两条曲线就会形成一个交点。这个交点所对应的价格就是商品的均衡价格。供给量与需求量也会形成一个均衡点，也就是在均衡状态时的供给量与需求量，如图1–3所示。

什么是均衡价格?

均衡价格是商品的供给曲线与需求曲线相交时的价格，即商品的市场供给量与市场需求量相等时所对应的价格。

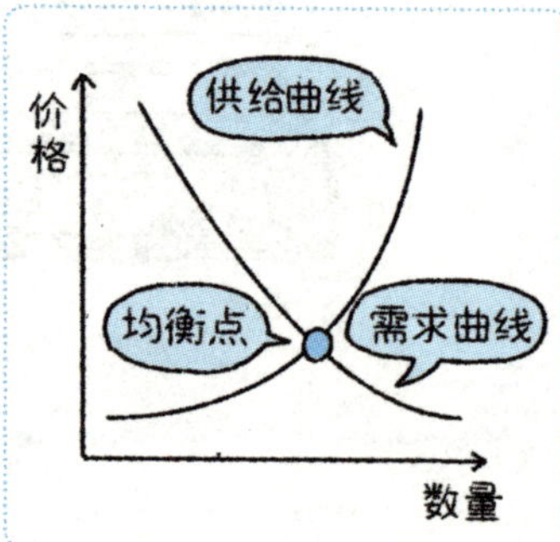

图1-3

在市场上，由于供给和需求的相互作用，商品的市场价格通常趋向于均衡价格。如果商品的市场价格高于均衡价格，那么市场上就会出现超额供给，而超额供给则会使商品的市场价格趋于下降，反之，如果商品的市场价格低于均衡价格，那么市场上就会出现超额需求，超额需求又会使市场价格趋于上升直至达到均衡价格，因此，市场竞争会使市场追逐均衡价格。

对一家面包店来说，当面包的价格高于均衡价格时，面包店会增加面包的产量，消费者就会减少购买，于是便有一部分面包无法售出。为了处理这部分无法售出的面包，减少亏损，面包店便会降价出售，于是价格又回到了均衡价格。

当面包的价格低于均衡价格时，面包店会减少面包的产量，消费者则会多买面包，销量上去了，店家又会提高面包的售价。在这样的情况下，面包价格也会逐渐向均衡价格靠拢。

在上述的面包店案例中，均衡价格的形成是由面包的买家和卖家在交易面包的过程中自发形成的。如果相关部门突然对面包价格进行限定，面包每天的售价与销量固定不变，那么，面包售价虽然固定，但并非均衡价格。均衡价格的出现必须是供求双方在市场交易过程中自发形成的。

互补品与替代品

互补品

互补品是指两种在使用价值上可以相互补充或配套使用的商品。当其中一种商品的销量上升时，另外一种商品的销量通常也会上升。

例如，乒乓球与乒乓球拍，当人们购买乒乓球拍时会随之购买乒乓球，乒乓球与乒乓球拍便是一对互补品。当乒乓球拍价格上升时，乒乓球拍的需求下降，从而使乒乓球的需求下降，乒乓球的价格也可能会随之下降。这便是互补品之间需求与价格的联动关系。

在生活中类似的例子还有很多，如手机和手机壳、电脑和键盘、筷子和碗等都属于互补品。从广义上讲，任何在使用价值上可以相互补充、配套使用的商品都可以称为互补品。例如，人们在购买房子时，会同时购买家电、家具等商品，也会同时产生装修、搬家等服务需求，这些也属于房子的互补消费。

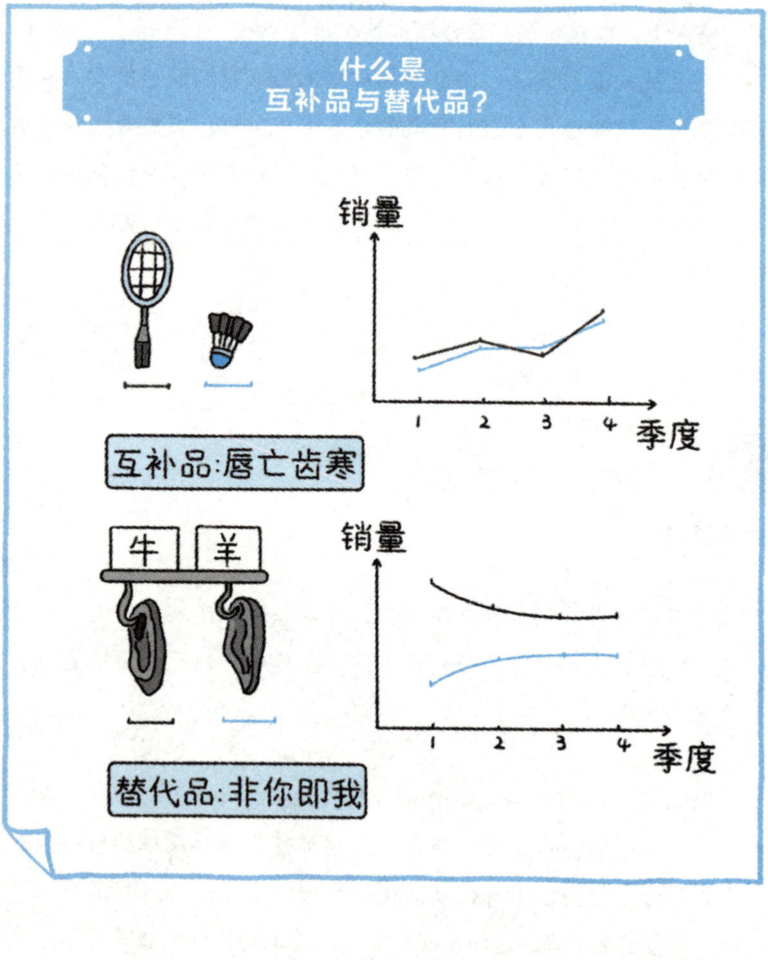

替代品

替代品是指使用价值相似，可以相互竞争取代的商品。其中一种商品的销量上升，会使另外一种商品的销量下降。

例如，牛肉和羊肉，对大多数人来说，当牛肉价格上涨时，人们会选择买羊肉来满足自己想吃肉的需求，从而导致牛肉的需求量下降，羊肉的需求量上升。在生活中常见的洗衣粉和肥皂、笔记本式计算机和台式计算机、火车票和飞机票等都互为替代品。

互补品与替代品是研究商品供需的重要课题。当两种商品互为互补品时，两者的销量成正比关系，某一种商品销量上升促使另一种商品销量上升；当两种商品互为替代品时，两者的销量成反比关系，一种商品销量上升促使另外一种商品销量下降。

结语

为什么要将均衡价格和相关商品放在一起讲解？因为二者都与供给和需求有着密切关系：均衡价格好比供给与需求随价格波动时的中心平衡点；相关商品价格变化是供给与需求在受到价格影响时的牵连现象。二者都方便大家更好地了解供给与需求。

5. 价格弹性
——为什么大米再贵也有人买？

由供给曲线和需求曲线可知，价格的变动对商品的供给和需求都能产生影响，那么其影响的大小又该如何衡量？不同的商品，同样的涨幅，又会产生哪些奇妙的经济学反应？

什么是价格弹性？

当电影票价格上涨时，人们往往会减少看电影的次数；当大米价格上升时，人们却往往不会减少大米的购买量，但是价格的上涨对电影票和大米这两种商品的影响程度却有所不同。电影票的价格上涨1倍，可能导致人们对电影票的需求量大大减少，而大米价格上涨1倍，对大米需求量的冲击远远不如对电影票需求量的冲击大。

上述案例说明，价格发生相同程度的变化，对不同商品产生的供给与需求的影响程度不同。因此，人们把供给和需求对价格的敏感性称为价格弹性。价格弹性分为供给价格弹性与需求价格弹性，其反映的分别是供给和需求对价格变动的影响程度。

那么，供给价格弹性和需求价格弹性的大小由哪些因素决定？其各自该如何定义？

什么是供给价格弹性?

供给价格弹性是指衡量价格变动引起供给量改变的程度。如果在一定时期内，其他条件不变的情况下，某种商品价格上涨1%，供给增加2%，那么其供给价格弹性便是2。

供给价格弹性越大，代表价格对商品供给量的影响程度越大，反之则越小。

商品的供给价格弹性主要受商品生产周期的影响。

在一定时期内，产品的生产周期较短时，厂商可以根据产品的市场价格变化对产量进行及时调整，则该产品的供给价格弹性相应较大。

例如，面包的生产周期很短，某家面包店突然来了许多顾客，店经营者就可以在短时间内做出许多面包供顾客购买。当面包店顾客较少时，店经营者便可以相应减少面包的供给，因为面包生产的周期不长，店经营者调整供给量的空间较大。

一般的饭馆、面包店等带有现做性质的商品的供给价格弹性通常较大，但是对于一些生产周期较长的产品，如蔬菜、水果等农产品，在短时间内市场对该类产品的需求量发生较大变动时，厂商无法及时生产出产品，因而其供给价格弹性相应较小。

以苹果为例，从种树到结出果实一般需要几年的时间，所以当市场上苹果的价格突然大长时，由于苹果生产周期长，苹果的供给量无法在短时间内提升；当苹果价格下跌时，苹果受上期高价的影响，难以在短时间内快速销售完从而等待价格的回升，所以苹果的供给价格弹性较小。

供给价格弹性图

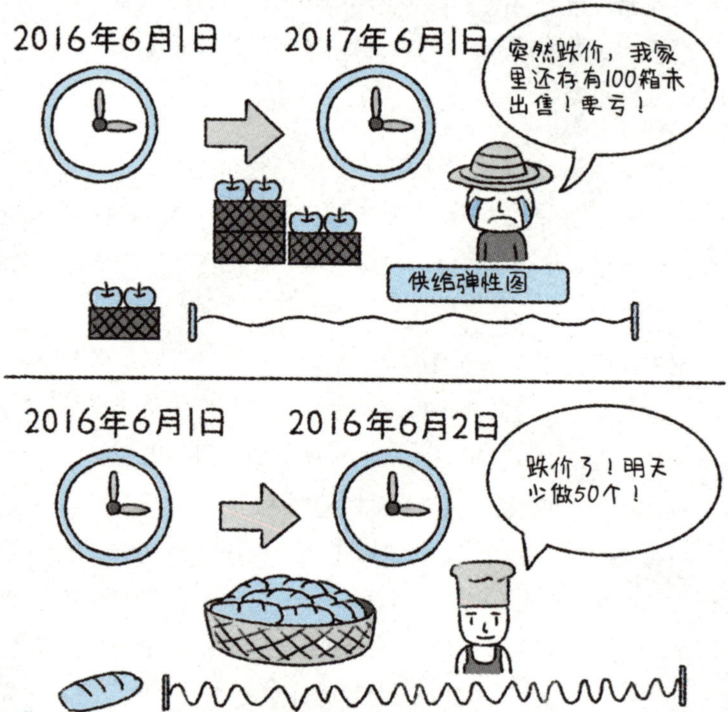

什么是需求价格弹性?

需求价格弹性是指衡量商品价格变动引起商品需求量改变的程度。在其他条件不变的情况下，如果价格变动1%，引起需求量变动2%，那么需求价格弹性为2。

需求价格弹性越大，代表价格对该商品需求量的影响程度越大；相反，弹性越小，代表商品价格对需求量的影响程度越小。

商品的需求价格弹性主要由以下一些因素决定。

商品的可代替性

一般来说，一种商品的代替品越多，人们对该商品的需求量受到价格的影响程度越大，反之，该商品需求受到价格的影响便会较小。例如，小白菜有很多可代替品，如白菜、空心菜等。当小白菜价格上涨时，人们可以选择购买白菜、空心菜，所以当小白菜价格上涨时，小白菜的需求量会大幅下降，即小白菜的可代替品较多，需求价格弹性大。

而有些商品如大米等代替品较少。当大米价格上涨时，由于生活中鲜有可以代替大米功能与地位的商品，人们也还是要跑去购买大米。这说明大米的可代替性弱，需求价格弹性小。

对消费者的重要程度

一般而言，生活必需品的需求价格弹性较小，非必需品的需求价格弹性较大。例如，柴米油盐这类生活必需品，即使其价格上涨，人们也还会按需购买。大米价格的上涨不会引起需求量的剧烈下降，因此，其需求价格弹性小。

而对于生活中的非必需品，如话剧演出、演唱会等，其对于部分人来说是非必需消费，少看一场话剧演出不会对生活造成太大的影响，所以当其票价上升时，需求将出现大幅下降，需求价格弹性大。

需求价格弹性

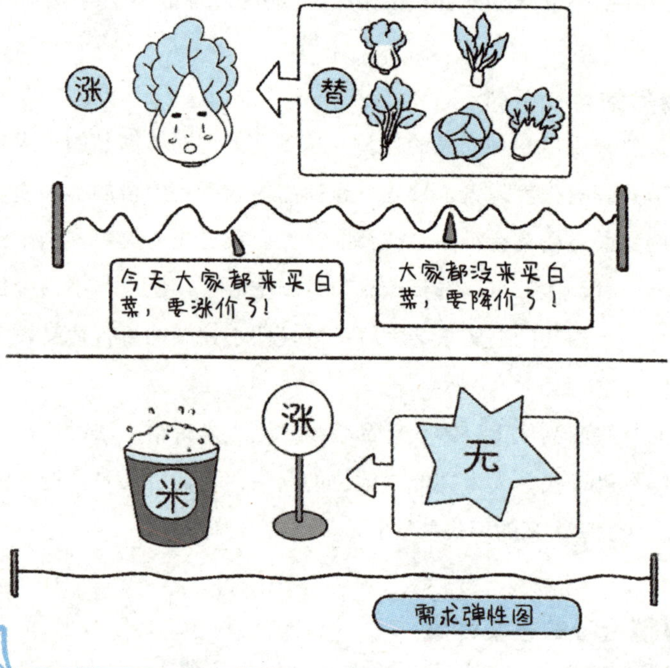

结语

价格对供给的影响称为供给价格弹性；对需求的影响称为需求价格弹性。价格弹性形象地反映了商品的供需量与价格的联动性，对于我们分析商品的特性与买卖的周期有重要意义；对于经销商来说，有利于其在经营过程中进行价格决策。价格弹性是经济学基础常识中的重要课题之一。

6. 稀缺效应
——泥土遍地凭人弃，黄金难寻价格高

同样一幅画，画的内容一样，名家的画作比普通画家的作品价值高；同样是金属，外表相似，黄金的价格却比黄铜的价格贵；水对人的生存极为重要，但其价格却相对低很多……

稀缺商品的价格容易上涨

之所以会出现这种现象，是因为古董瓷器、名画、黄金都很稀有，相对这些而言，水比较常见！

古瓷器、名家画作与黄金在市面上稀缺，或者说具备某种意义上的不可替代性，导致其价格偏高。物品的价格由供给和需求决定，当供给不断时，商品的价格便不易升高，但是对于具有稀缺性的商品来说，其供给量受限制，价格则容易上涨。

什么是稀缺效应？

在日常生活中，尽管水对人类的生存极其重要，但由于水在自然界中存量较大，因此，水的价格也比较低。但如果是在茫茫的沙

漠中，百里不见一片绿洲与河川，迷途旅人见到了供水的人，那么即使一瓶水的售价为100元，也会有旅人愿意购买，这便是“稀缺效应”的神奇之处。

在消费心理学中，人们把“物以稀为贵”而引起的购买价格提高的变化现象称为“稀缺效应”。从经济学的角度解释，稀缺物品供给量有限，所以价格高昂。

天然稀缺与人工稀缺

商品的稀缺分为两类：一类是天然稀缺；另一类是人工稀缺。

天然稀缺

天然稀缺是指某种商品在自然界中的存量稀缺。例如，黄金、白银等贵金属在全球的存量都是有限的，而人们对此类贵金属又十分偏爱，于是使得贵金属价格高昂。此外，还有很多天然具有稀缺性的商品，如石油、煤炭、天然气等不可再生资源在全球的储量基本固定，都在某种程度上存在稀缺性，不可能在短时间内大量创造出来，用一些就少一些，这也是大家倡导使用可再生能源的主要原因。

人工稀缺

与自然稀缺相对应的是人工稀缺，即人为制造的稀缺。这类稀缺在生活中比较常见。例如，纪念币便是一种由人工设计出来的稀缺商品——发行方发行的纪念币数量往往是有限的。正因为数量有限，它才比较容易成为被收藏界关注的对象。此外，人工稀缺通常被用于营销领域。例如，奢侈品的生产商会发售一些限量版的商品，常常打出类似"全球限量999套"等广告宣传语，其目的便是控制产品的供给量从而提高售价，同时也可以为品牌造势。

稀缺效应与变动的房价

进入21世纪，我国房地产的发展进入了一个新时期，有些人把买房当成了一种便捷、高效的投资手段。

2016年～2017年，北京、上海、合肥、厦门、武汉、杭州等一二线城市的房价轮番上涨，但是，除了一二线城市房价上涨之外，三线城市以及四五线城市并没有出现明显的房价上涨现象。

为何一二线城市的房价会出现上涨的情况，而三四线城市的房价却没什么变化呢？在不考虑其他因素的基础上，可以通过稀缺效应来解答！房子不同于其他商品，其不同点在于房子具有稀缺性。

如果汽车、家电等消费品需求增加，那么生产汽车、家电的工厂就可以增加产量，从而增加产品供给量，但房子依附于土地，而土地的供给量是有限的。一二线城市人口众多，土地相对紧张，房价自然有所上涨！这就是特殊商品的稀缺性。正是由于这种稀缺性，许多房地产商借机抬价，在很大程度上推动了房价的上涨。

稀缺效应在金融领域和投资领域常被开发商和投机者当作牟取利益的手段。土地稀缺促使房价上涨，部分市场的房价已经大大偏离其实际的使用价值，但随着房地产调控措施的出台，相信房价也会得到有效控制。

结语

稀缺效应的好处在于，其可以使人们重视对文物、稀有动植物，以及不可再生资源的保护；弊端在于，对于投资者来说，稀缺效应很容易让其丧失理性，这时则需要投资者保持理性，避免落入圈套。

7. 蛛网理论

——困扰农民伯伯的可怕“魔咒”

农民朱伯伯见白菜价高，种了许多白菜，等上市时计划赶不上变化，白菜价下跌，朱伯伯郁郁寡欢；开手机店的小王最近进购了许多非全面屏手机，一个月后全面屏手机上市，旧款手机价格下降，小王闷闷不乐……经商的人大概都有过类似的烦恼。是谁卷走了商机，偷走了利润？市场中到底隐藏着怎样的陷阱？

农民伯伯逃不开的循环怪圈

当供求影响价格、价格引导生产时，市场会出现一种周期性波动。假如白菜的生产周期为3个月，在某段时间内白菜供给小于需求，价格上升，农民会因此增加白菜的种植量，但是由于白菜存在生产周期，现阶段增加白菜的种植量并不能及时增加白菜的供给，需要3个月或者更长时间，这些种植的白菜才能长成。

3个月后，农民伯伯的菜长成了，不断运到市场上去卖，可是卖的人多，供应增加，导致菜价下降。一旦白菜价格下降，农民伯伯再次种菜时就会减少数量。可一旦减少数量，价格又会上涨……周而复始、循环往复，农民伯伯似乎永远绕在这样的循环怪圈中，这便是经济学中的“蛛网理论”。

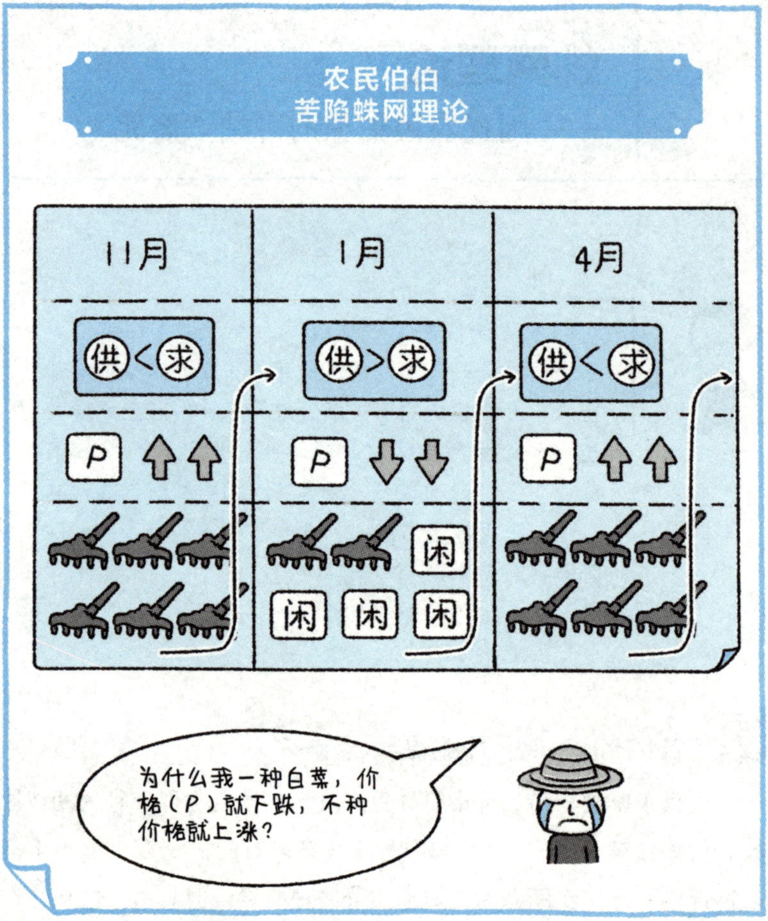

蛛网理论的概念

在上文的案例中，如果把白菜各时期的价格与产量的波动状况画成一张图，这张图就类似一张蜘蛛网，蛛网理论即由此得名。这种蛛网型波动在生产周期长的商品中表现最明显，在农产品中尤其常见。

蛛网理论的模型如图1-4所示。横坐标与纵坐标分别表示数量与价格。S为供给曲线，D为需求曲线。供给曲线与需求曲线的交点E对应的横纵坐标分别代表均衡数量和均衡价格。

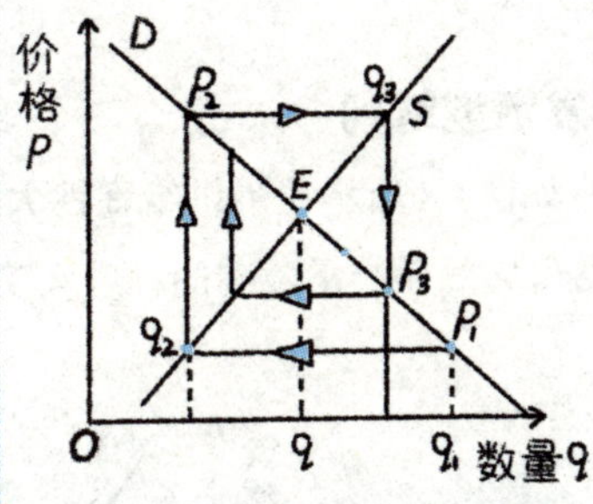

图1-4

如果某时刻价格的均衡被打破，均衡点由图1-4中的E点转移到p_1点。在p_1点时，供给量大于需求量。于是生产厂家就会减少该产品的生产。一段时间后，产量由q_1减少到q_2，到达q_2点之后，供给量小于需求量，价格便开始由p_1上涨到p_2。价格上涨之后，厂商再次增加该产品的生产，再经过一段时间后，产量由q_2增加到q_3，于是又出现供给大于需求的情况，价格再次下跌到p_3……如此不断往复循环，价格和数量渐渐靠近均衡点E。

蛛网图形的分类

本书中提到过价格弹性，价格弹性分为供给价格弹性与需求价格弹性。供给价格弹性的诸多案例直观地反映了蛛网理论的定义，例如，由于苹果的生产周期长，供给价格弹性大，因此果农的供给量总是赶不上苹果市场价格的变化。

根据供给弹性和需求弹性的不同，蛛网图形又分为以下3种。

收敛型蛛网

如图1-4所示，当供给弹性小于需求弹性即价格发生变化时，供给量改变的程度小于需求量改变的程度。当外界变化对供给与价格产生影响时，价格和产量的波动将逐渐减弱，最后趋于均衡，这种类型的蛛网被称为收敛型蛛网。

发散型蛛网

如图1-5所示，当供给弹性大于需求弹性，价格发生变化时，由价格引起的供给量改变的程度大于需求量改变的程度。

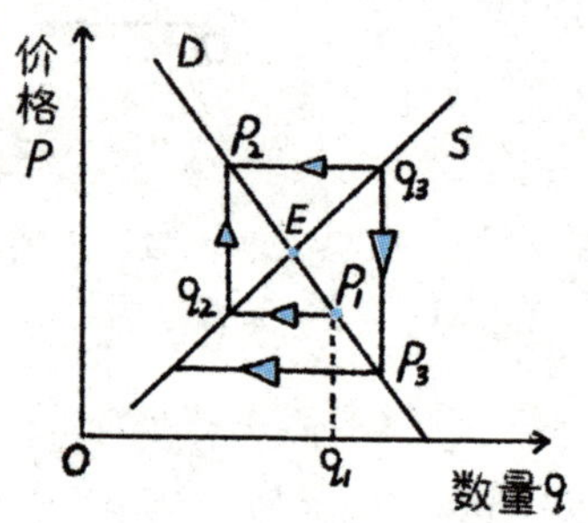

图1-5

当处于这一情况时，均衡点由图1-5中的E点转移到p_1点，在p_1点时供给量大于需求量，于是厂家减少生产量。一段时间后，产量由q_1减少到q_2，到达q_2点之后供小于求，价格便开始由p_1上涨到p_2；当价格上涨到p_2点时，厂家又会增加产量，一段时间后，产量由q_2上涨到q_3，供给大于需求，这时价格再次下降到p_3点…… 如此不断往复循环，波动幅度逐渐加大，越来越远离均衡点，无法恢复均衡。这种类型的蛛网被称为发散型蛛网。

封闭型蛛网

当供给弹性等于需求弹性时，由价格引起的供给量改变的程度与需求量改变的程度一致，表现为封闭型蛛网。这时，波动将一直循环下去，既不会远离均衡，也不会趋于均衡，如图1-6所示。

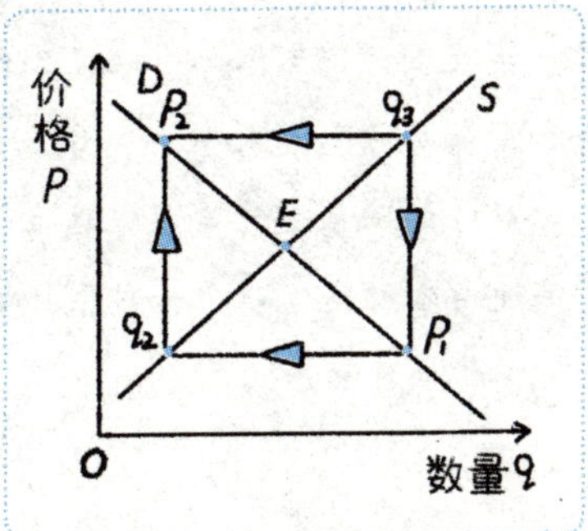

图1-6

蛛网理论在生活中的体现

其实，蛛网现象在生活中十分常见，许多经济现象都可以用蛛网理论来解释。例如，2007年，猪肉价格大幅上涨且居高不下；2008年，猪肉价格开始下跌；2009年，猪肉价格回升，这主要是由猪肉市场的供求情况造成的。

同其他农产品一样，猪肉的市场价格变化只反映当前的供求关系，而对于未来一定时期内可能发生的供求关系变化难以预知，但农户通常是以当期的市场价格来安排第2年的养殖规模的。假如猪肉价格走高，第2年农户就会扩大养殖规模。然而，第2年如果猪肉供过于求，价格下降，农民就会因此减少生猪养殖量，如此循环往复。

为了减少农产品市场上经常出现的蛛网波动，农产品管理部门会采取相应的措施进行干预，比如限定农产品最高价格与最低价格，当农产品价格低时对农民进行补贴，以维持其生产积极性。

农作物面对蛛网怪圈时，供给与需求不匹配。要想摆脱困境，还得从供给和需求两方面来入手。例如，加强商品流通市场建设，使买、卖双方的联系更为紧密；建立一些指定的快速收购市场，加强高速运输配送；建立一些买、卖双方沟通信息群，方便农户及时了解市场动态。

结语

随着互联网的发展，大小农业养殖市场早已实现互联网村村通，道路交通建设也日益发达，各种农业补贴政策早已实施，如今农户受困蛛网怪圈的状况逐渐改善。除了农户外，处于经营圈内的民众都能借助手机、计算机等工具快速地了解市场信息，使得其落入蛛网怪圈的程度大大降低。

第2章

厂商经济学

在厂商经济学中，各厂商经营时最苦恼的是成本的控制；当消费者络绎不绝地上门消费时，厂商们往往喜笑颜开，厂商之间博弈不断，竞争不断。厂商经济学不仅在于其是经济学术的一支，更在于其能让广大经营者学会如何装满自己的钱包。

1. 眼镜行业真的是暴利行业吗？

在经济社会中，除了消费者的存在外，还有一个重要的角色便是厂商。消费者对商品的需求与生产者对商品的供给组成了商品市场。

消费者购买商品是为了满足其自身的需求，而厂商生产商品则是为了获取最大利润。

从成本窥探生产

厂商在生产某种商品或经营一家企业时，必须有一定的投入。例如，建造厂房、采购机器与原材料、雇佣员工等各种生产经营活动，都需要投入相应的人力以及资金，而这些投入在生产中被我们称为“成本”。

在生活中，人们通常认为眼镜行业是暴利行业，否则怎么一副支架、两块镜片，这么点成本，动辄就要上千元？

从一个眼镜厂商的角度来看，“事实”并非如此！厂家生产商品实际投入的成本与我们预估的成本往往会有些出入。

原材料成本

成本分为很多种，生产眼镜需要的树脂、高分子材料、合金材料等原料叫原材料成本（消费者眼中的“一副支架、两块镜片”的成本便是原材料成本）。

人力成本与土地成本

在生产眼镜时，厂商需要找员工干活，每个月要给员工发工资，这部分成本便是人力成本。此外，厂商在生产眼镜的过程中，还需要租赁土地、建造厂房等，而这些程序都有与之对应的成本。

推广成本与运费

以上只是在生产过程中投入的成本，当眼镜成品后需要出售时，又会产生一系列的营销费用。例如，市场营销部门负责商品的推广，需要支付宣传费用、广告费用等；客户在要求送货上门时，运费也属于成本。

利息与税费

许多厂商在经营时是负债经营的，而负债经营时投入的资金也有对应的成本，这部分成本是厂商需要支付的本金与利息。例如，很多企业在经营时会向银行贷款。此外，厂商在生产商品、销售商品的过程中还需要缴纳一定的税费。

所以，生产成本并不像消费者想象的那么简单。在一个自由竞争的市场中，如果一个行业的利润率较高，那么为了获利，便会有新的厂商涌进这个行业，竞争者增多，利润率下降；同样，当一个行业的利润率较低甚至面临亏损时，那么便会有一部分厂商退出，竞争者减少，利润率上升。这其中繁复的“增加”和“减少”的奥秘也在不断影响着各行各业的生产活动。

厂商的成本压力来自何处？

生产的方方面面

厂商生产商品是为了赚取利润。厂商的收入除去成本，剩下的才是净利润。

厂商竞争不断，催生出不同的市场竞争形态。当产业格局形成一定的规模时，厂商便能形成一定的垄断势力。

厂商除了面对需要投入的成本要素外，还要明白如何利用资源、降低成本，从规模经济中获利。

在厂商经济学中，生产要素、成本、规模经济等都是我们需要探索的课题。要想真正做好商品的买卖可不是件容易的事情！

结语

那么，厂商该如何缩小成本、赚取最大利润呢？为了促进生产发展，相关管理部门都采取了哪些措施呢？接下来，我们一起去了解一下厂商生产吧！

2. 生产要素
——每一种要素都要兼顾

在上一节中我们谈到，厂商在进行生产经营活动时，通常需要投入各种社会资源和相应的成本。

比如一家汽车公司在生产过程中需要投入资金购买土地、雇用员工进行生产、购买原料用于制造。这家公司在生产过程中的投入，在经济学中就被称为生产要素。

政治经济学对生产要素的分类

生产要素在经济学中的定义是在社会生产经营活动中所需要的各种社会资源。在政治经济学中，生产要素分为劳动者、生产资料和劳动对象3种。

劳动者指有一定生产经验与技能的从事生产活动的人；生产资料是指在劳动过程中用于改变和影响劳动对象的物质资料和物质条件；劳动对象则是指劳动者在劳动过程中使用劳动工具所加工的一切对象。

面包房的员工们用烤箱将面粉等原材料做成面包。对于面包房来说，劳动对象是面粉，生产资料是烤箱，劳动者便是面包房的员工。

那么，对于汽车组装厂来说，劳动对象便是发动机、底盘、轮胎、座椅等大大小小的汽车零部件；在组装过程中所用到的冲压机、组装机器人等机器设备便是生产资料；而在汽车组装厂中负责组装的工人们便是劳动者。

西方经济学对生产要素的分类

不同于政治经济学，在西方经济学中，生产要素通常分为劳动、土地、资本和企业家才能4种。

劳动

商品价值的产生必定要经过劳动。青菜在生产中需要农民播种、浇水、施肥；在做蛋糕时需要面包工和面、烘焙；在生产汽车时需要经过冲压、焊接车身、喷漆、总装等步骤……任何商品的生产都离不开劳动，因此，劳动在商品价值中占有重要的比重，如同手工定制的商品总是较贵一些，因为劳动者在手工制造商品的过程中，花费了大量的劳动力成本。

土地

除了劳动以外，商品的生产还需要土地要素的投入。没有土地，农民就没办法大面积种植蔬菜；没有厂房，就没有地方制造汽车。一般的劳动都需要有土地作为场地支持，因此，土地是劳动以外又一重要的生产要素。

● 资本

除劳动、土地等生产要素以外，商品的生产、营销、发行等各个环节，都离不开资本的投入。没有资本的企业寸步难行，哪怕是贷款，也叫作资本的提前使用，因此，资本是生产要素中尤为重要的部分。

企业家才能

> 在早期的西方经济学中，土地、资本和劳动被称为3大生产要素，后来随着时代的发展与职业经理人制度的完善，企业家的才能对一家企业的生产经营有着越来越重要的影响。假设两家公司在投入的土地、资本、劳动相同的情况下，其经营状况却不相同，很大程度上是因为企业家经营水平的不同。

海尔集团便是非常典型的案例。在1984年以前，海尔集团曾是一家资不抵债、濒临倒闭的电冰箱厂。1984年，企业家张瑞敏出任海尔电冰箱厂的厂长。之后，张瑞敏在经营过程中不断创新，做出了顺应时代潮流的决策，引导海尔良性发展。2014年，海尔集团全球营业额达到2 007亿元，大型家电零售量第6次蝉联全球第一，并首次以突破两位数的市场份额增长。除海尔以外，从我们熟知的乔布斯与苹果公司、马云与阿里巴巴等案例中都可以看出企业家才能对企业发展的重要性。

技术时代的生产要素

我们时常听到“科学技术是第一生产力”这样的说法，对厂商来说，科学技术也是竞争中的取胜法宝。

微软拥有计算机操作系统的技术使它能够获取大额利润；三星、高通等电子芯片厂商对技术的掌控使它们能够在行业内占据领先地位；华为在手机通信领域的技术水平也使其不断地发展壮大……无论时代如何发展，高技术水平对企业的发展都起着至关重要的作用。

随着知识经济的兴起和信息高速公路的发展，“大数据”这个词也越来越普及！

大数据有许许多多的用途。例如，一些网络和资讯公司可以用大数据进行客户分析、项目分析等。

数据在未来企业的发展中将起到至关重要的作用。谁掌握了更多的数据信息，谁就有更多的发展空间。

结语

在经济学中，生产要素的分类主要有两种，即政治经济学类别与西方经济学类别。政治经济学生产要素的分类更为宏观，而西方经济学生产要素的分类更为具体。研究生产要素对于人们了解生产活动、分析生产活动与从事生产都有着重要的意义。生产要素容易随社会的发展发生改变。在新时代下人们从事生产活动要各方兼顾，更重要的是要掌握技术要素，从而提高收益，推动生产力的发展。

3. 生产成本与规模经济

——算好成本账最关键

在不影响产品质量的情况下，厂家或企业都会为了取得更高额的利润而尽可能地降低自己的生产成本。那么，如何做好成本效益分析从而使产出最大化，是每一位经营者都非常关心的话题。接下来将介绍经济学中常见的成本类型及成本与规模经济之间的关系，以帮助经营者解决如何做好成本效益分析的问题。

固定成本与可变成本

在经济学中，厂商通常根据成本是否随业务量的增减而变化这一标准把成本分为两类：一类是固定成本；另一类是可变成本。

● 固定成本

固定成本是与产量无关的成本。例如，一家奶茶店的房屋租金是相对固定的，与能卖出多少杯奶茶无关，就算一杯奶茶都卖不出去，也得照样支付租金。这时，店铺租金便是与产量无关的固定成本。在生产活动中，通常店铺租金、机器维修费用等都是固定成本，固定成本不会随产量的变化而变化。

平均固定成本指总固定成本分摊到每件商品上的固定成本。例如，某家奶茶店一个月的租金是10 000元，不考虑其他成本的话，如果奶茶店一个月能卖出1 000杯奶茶，那么平摊到每杯奶茶上的平均固定成本便是10元；如果每月卖出5 000杯奶茶，那么平摊到每杯奶茶上的平均固定成本便是2元。由此可以看出，在总固定成本不变的情况下，产量越多，每件商品的平均固定成本就越少。

● 可变成本

可变成本则是与产量有关，且会随着产量的变化而发生变动的成本。

例如，在奶茶店中卖出奶茶的数量不同，相应消耗的原料不同：奶茶卖得少，用的原料成本少；奶茶卖得多，用的原料成本多。平均可变成本指平均到每件商品上的可变成本。一件商品的总成本便是平均固定成本与平均可变成本之和。

沉没成本与机会成本

除了固定成本和可变成本之外，还有两种特殊的成本需要我们了解，即沉没成本与机会成本。

● 沉没成本

一个人花100元买了一张话剧演出票，后来发现话剧并不好看，但花出去的钱像泼出去的水，还得硬着头皮把话剧看完。这便是人们在日常行为决策中出现的一种常见错误。

从看话剧演出的例子中可以看到，有人花100元买了票，那么这100元就属于沉没成本，无论看与不看，话剧票都不能变回 100 元。由此可见，在生产中，沉没成本指已经付出且不可回收的成本。

机会成本

在经济学中，机会成本的定义是为了得到某样东西而要放弃另一样东西的最大价值。

对农民来说，当拥有一定量的土地时，如果选择种植玉米就不能种植白菜了，那么种植玉米的机会成本就是放弃种植白菜所产生

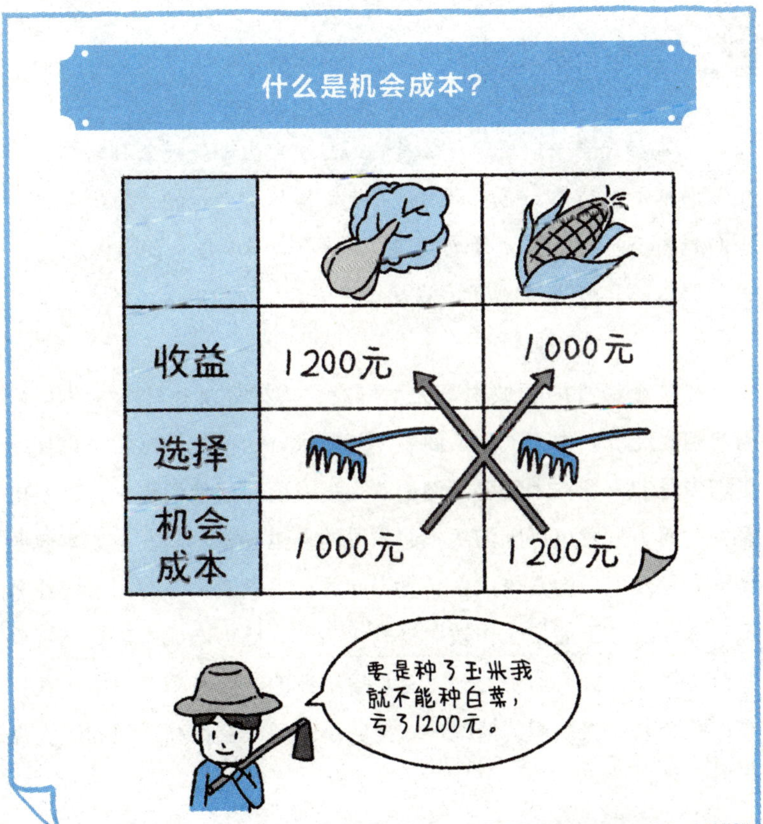

的收益。假设种植玉米可以获得1 000元的收益，而种植白菜可以获得1 200元的收益，那么当种植玉米时的机会成本是1 200元，而种植白菜时的机会成本是1 000元。

一位经营者在某城市开了家水果店，每个月能赚取一些收入。后因店铺经营状况不佳，经营者关闭了水果店，把店铺租给别人，同时自己又找了一份工作，每月拿固定工资。他将店铺出租得到的租金，以及他现在的工资就是他在开水果店过程中的机会成本。

与成本有关的规模经济

在经济学中，规模经济是指通过扩大生产规模来引起经济效益增加的现象。它的优越性在于能够随着生产能力的扩大，使成本下降。若当厂商的产量扩大1倍，而其增加的成本低于1/2时，则称厂商的生产存在规模经济。

在规模经济的领域中，大型厂商的规模经济往往大于小型厂商的规模经济。由于大型厂商生产规模大，因而他们常常可以使用更加先进的大型技术设备。例如，大型发电厂能使用更先进的发电设备，而小型发电厂因为买不起先进的发电设备，其发电成本就要高于大型发电厂的发电成本。大厂商的公司规模大，有利于专业分工，专业的分工能使合作效率提高，从而降低生产成本，提高规模效益。例如，大公司中的分工总是很细致的，而在小公司中，往往存在某个人身兼数职的情况，这样的小公司效益不高，不利于提高规模效益。

与成本有关的规模经济

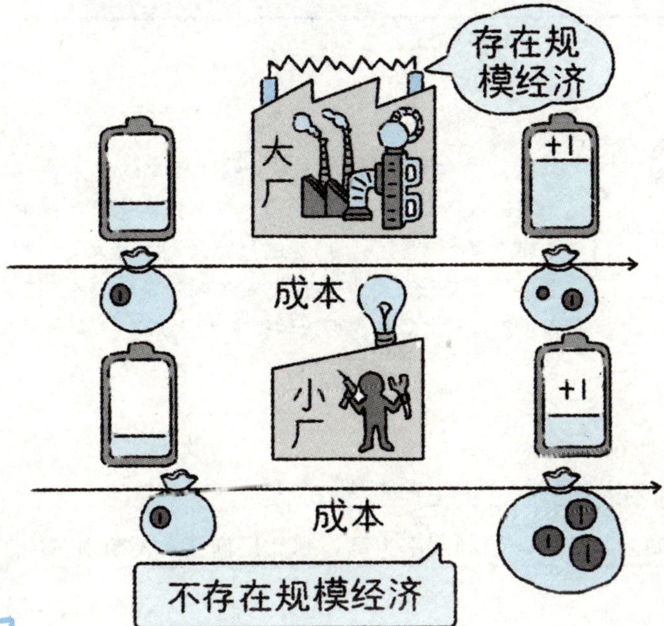

结语

在各类成本中，机会成本相对难理解。机会成本与选择有关，当选择了甲商品而未选择乙商品时，乙商品能带给我们的全部利益等于我们选择甲商品时的机会成本。在生活中，机会成本并非随着经济活动而产生，它虽是一个经济名词，但能够用于方方面面，可以说，只要有选择发生，机会成本就会随之产生。核算机会成本对于生产者和消费者有同等重要的意义：经济学中的个人普遍是利己的，核算机会成本有利于我们做出最佳选择。

4. 边际收益与边际成本
——赚取利润有妙招

消费者购买商品是为了满足自身的需求，在一定的收入内满足效用的最大化。厂商生产商品的动力则来源于利润，厂商的目标是利润最大化。那么，厂商应该无限扩张生产规模吗？又应该在何时停止扩张？边际理论可以解答这些问题。

利润提升促使生产规模扩大

如果某种商品的利润率很高，那么厂商就会不断地扩大生产规模。

例如，成本为3元的面包可以卖出8元的价格，面包店必然要多做些面包以获取更多利润。由此可见，大多数企业在市场环境良好的情况下都会扩大规模，例如，近年来阿里巴巴、腾讯等互联网企业纷纷在互联网版图内迅速扩张。

厂商的扩张是有限度的，利润越多，其扩张的可能性越大，而当利润近为零时，厂商可能停止生产。如纸媒在19世纪末期到20世纪中期得到了前所未有的发展，看报的人多，相关企业的利润大，大报生小报，各地报刊种类繁多。到了21世纪，互联网盛行，纸媒地位受到冲击，即使其价格低廉也难以挽回消费者，利润下降，产业萎缩。

边际效应所隐藏的赚钱秘诀

厂商生产或出售商品要获取利润，就必须满足边际收益大于边际成本的原则。

> 边际收益是指增加 1 单位产品的销售所增加的收益，即最后 1 单位产品售出后所取得的收益；边际成本是指增加最后 1 单位产量所增加的成本。如果增加最后1单位的产量时，边际收益大于边际成本，则代表增加1个产量之后，总利润将继续增加，直到边际收益等于边际成本。

以面包店为例，如果面包的价格为 5 元，也就是说每多卖1个面包可以获得 5 元的收入，则边际收益为 5 元。这时如果每生产1个面包只需要 1 元的成本，那么边际成本便是 1 元。每多生产 1 个面包可以多赚 4 元。对此，面包店应生产更多的面包，以获取更多的利润。

随着面包店生产的面包越来越多，面包开始降价。当面包的价格降到 4 元时，边际收益由 5 元下降到 4 元，而边际成本保持在 1 元不变。这时，每多生产 1 个面包，可以赚 3 元。边际收益依旧大于边际成本，于是面包店继续增加产量。最终，当面包价格下降至 1 元时，边际成本等于边际收益，而面包店继续增加产量就会影响利润，此时，面包店就会停止增加产量。

> 边际收益等于边际成本就是厂商生产扩张的底线。当边际收益大于边际成本时，厂商会继续扩张；当边际收益等于边际成本时，厂商就会停止扩张或停止生产。

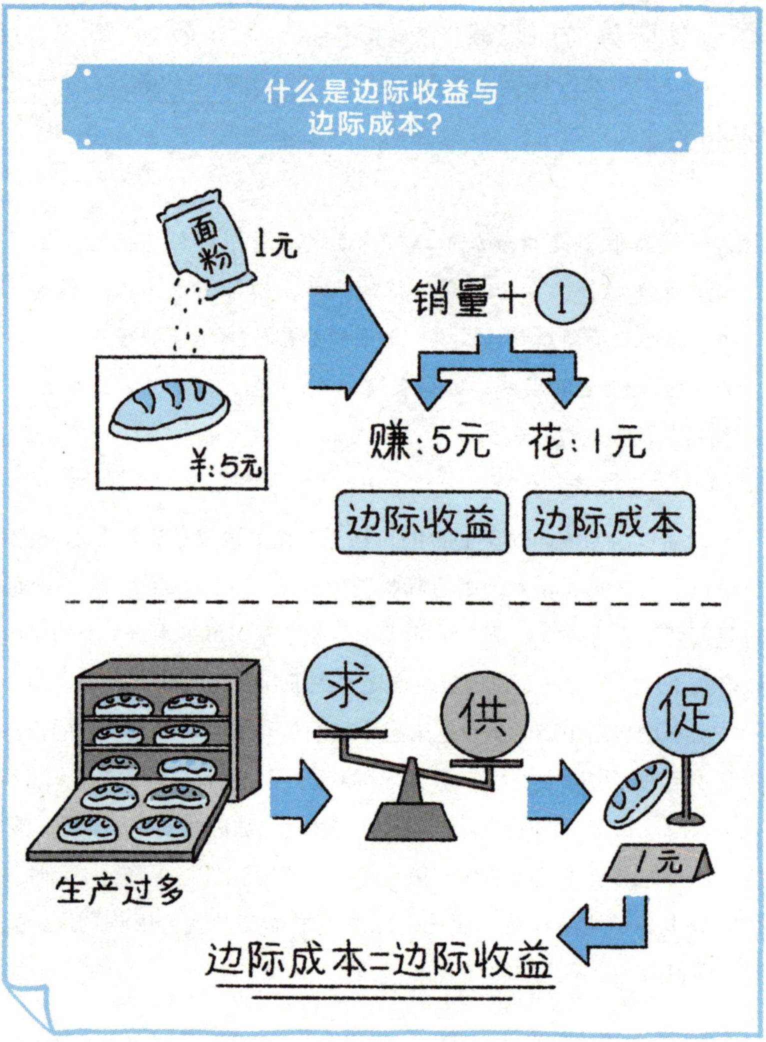

“边际理论”——聪明人的选择

边际收益、边际成本的应用在生活中也随处可见。

电影票和机票为什么会打折？

我们经常能看到电影票特惠、机票打折的信息。对电影院来说，一场电影的座位是固定的，不管有没有人看，消耗的成本固定不变，边际成本几乎为零。此时就算电影票以比正常价格低的售价卖出，边际收益也会远远大于边际成本。

航空公司也是如此，一趟航班，不会因为乘坐的人少就取消，而飞机的损耗、燃油费等成本也不会因为增加一个乘客而有太大变化，边际成本也几乎为零，因此，即使机票以一折出售，边际收益依然大于边际成本。

不管是电影票还是机票打折，都是为了增加边际收益从而增加商家利润的。

互联网公司为何利润偏高？

近年来，互联网公司发展迅速，目前在各大企业利润排行榜中，阿里巴巴、腾讯、百度等企业名列前茅。

那么，互联网企业和传统制造业相比到底有何优势，能让其有如此高的利润呢？原因还是在于边际成本！

> 对于传统制造业来说，其每增加一个商品的产量，就需要有对应的边际成本。随着产量的增加，商品的价格下降，边际收益逐渐下降，最后当边际成本等于边际收益时，便要停止扩大规模。而互联网企业，大多都是轻资产模式，即每增加一个用户的边际成本极少。

以淘宝为例，其多获取一个淘宝用户，软件的后台开发、维护等费用不会因为增加一个用户而有太大的变化，企业几乎不需要为此多付出成本，边际成本接近于零。这与传统制造业相比，互联网行业有较大的利润空间。除淘宝以外，还有许许多多的游戏公司也是如此，当厂商推出一款趣味性很强的游戏软件时，用户会蜂拥而至，厂商的边际成本也非常低。后期程序的开发只需在前期的基础上简单改动即可，费用并不会很高，因此，游戏公司的收益很可观。

边际成本是厂商在经营过程中必须重视的问题，虽然互联网行业的特性决定了整个行业的边际成本偏低，但在该行业中也有许多的新公司、新团队在前期开发时未做好，导致后期无用户进入，最终亏本。所以，即使是互联网行业，若想获得较高的边际收益、缩减边际成本，也得保证产品过关。

结语

就拿生产经营来说，无论厂商从事哪方面的生产，边际效应都是增加利润的“武器”。然而，边际效应对于消费者来说也有好处，消费者往往因为厂家使用边际效应可以买到打折、优惠的商品与服务。

边际效应充分体现厂商的盈利法则，传统的制造行业相对于互联网行业来说不容易获得高额边际收益，但在经营中只要本着“商品安全优质、性价比高”的原则也能赢得消费者的青睐，薄利多销的经营理念也为广大传统制造业生产者所认可。

5. 垄断与竞争

——弱小厂商成鱼肉，霸道厂商占寡头

市场中的商品琳琅满目，每一种商品都有着许许多多的品牌，品牌太多，导致各大企业绞尽脑汁地使出各种方法来抢占市场份额，以谋求利润的最大化。同时，市场上也存在一些似乎没有竞争的行业，因为此类行业的市场被某一家企业垄断。

什么是完全竞争市场?

在经济学中，根据市场结构的特征，市场被划分为完全竞争市场和不完全竞争市场。

完全竞争指自由竞争，是一种不受干扰的市场机制，指一个市场完全靠“一只看不见的手”即“价格”来调节供求。

完全竞争市场有以下特点：

❶ 厂商所能提供的产品或服务没太多差别，其本质都相似（同质化）。

❷ 在市场上有无数的买者与卖者。

❸ 市场上资源能够自由流动，任何人都可以随时随地加入或退出该市场，不受限制，没有门槛。

❹ 厂商与消费者对市场信息有充分的了解。

在自由竞争市场中，由于商品的同质化，消费者会更偏向于购买价格相对便宜的商品，那么价格高的商品会因难以卖出而降价，于是在市场竞争中，商品价格会无限接近于成本。由于买者和卖者数量都很多，任何一个厂商与消费者的变动都无法改变市场价格，因此所有人都是价格的接受者。

自由竞争市场有许多好处！对于社会发展来说，在完全竞争的市场条件下，厂商为了获取更多利润，必定要想办法降低成本。因此，厂商会研发更先进的技术，采用更高效的管理和生产方式。

厂商间的相互竞争，又能使各企业不断提高生产效率，优胜劣汰。做得好的企业成为佼佼者，故步自封的企业终将被淘汰，这样才能优化市场。

什么是不完全竞争市场?

在完全竞争市场中，完全无差别、同属性的产品只是一种假设。而生活中，在大多数情况下，不同的产品或多或少都存在一些差别，不同厂商的生产水平也有一定的差距，这会催生一些垄断势力，形成不完全竞争市场。

那么垄断势力的形成会受到哪些因素的影响呢？

资源

厂商控制了生产某种商品的全部资源或基本资源的供给。例如，中东国家和地区拥有大量的石油资源，南部非洲国家和地区拥有丰富的矿产资源，其相关产业较为发达。这是依赖于自然资源垄断的结果，属于受资源因素影响而形成的垄断。

技术

厂家拥有生产某种商品的“独门秘籍”，这使厂商能够在一定时期内独揽该产品的生产。

完全竞争市场vs不完全竞争市场

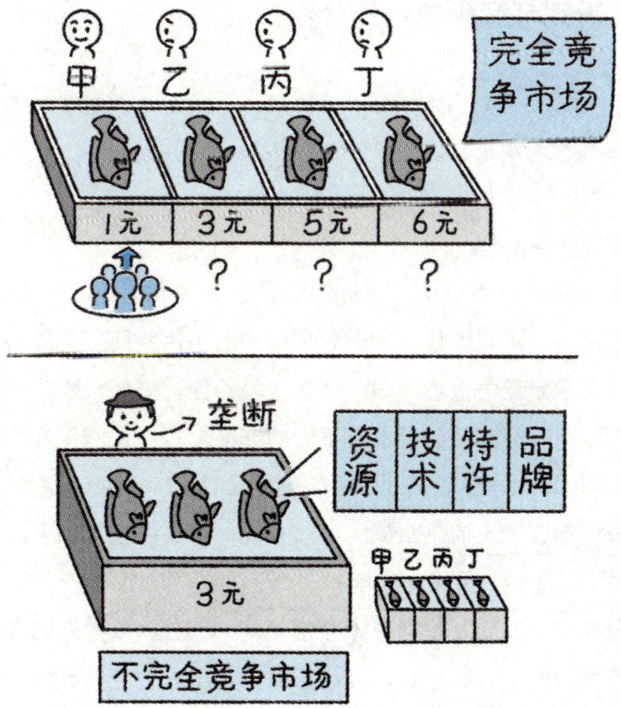

政府特许

关系国民经济命脉和国家安全的自然垄断行业，如能源行业、资源行业、通信行业、重要交通行业等，国有经济占主导地位。

品牌效应

品牌在消费者心中长期积累下来的口碑与信任对商品市场的垄断也有较大的影响。

不完全竞争市场的分类

由于不同厂商垄断程度的不同，不完全竞争市场又可以分为垄断竞争市场、寡头垄断市场和完全垄断市场。

垄断竞争市场

在垄断竞争市场中，生产商品的厂商有很多，厂商可以自由地进出市场，这些条件和完全竞争市场的条件相同，其最大的不同之处在于垄断竞争市场上的产品存在差异性。例如，饮料市场有可乐、冰红茶、绿茶、矿泉水等不同的产品，每个人的偏好不同，选择便不同。而由于产品各自都有着不同的特点，每个厂商对自己产品的价格都有一定的垄断权。一般来说，产品的差异越大，其优点越明显，厂商的垄断程度越高。

垄断竞争在日常生活中十分常见，大部分的成熟市场都是垄断竞争市场。例如，在快速消费品领域，每个人都有自己偏好的快消品品牌，每个品牌在自己的目标消费群体内都有一定的垄断力量，但这种垄断力量并不强，消费者也会随时因为一些突发事件而改变对一个品牌的看法。

寡头垄断市场

寡头垄断市场是指少数几个厂商控制着整个市场的商品生产与商品销量的一种市场组织。生活中有不少行业，如汽车、电气设备、家电等都会表现出寡头垄断的特点。

形成寡头垄断市场的主要原因是，某些产品的生产只有具备相当大的生产规模才能获取更好的经济效益，因此，寡头垄断市场大多集中在大型机械制造等领域。由于生产规模巨大，小厂商几乎不具备优势，因此进入该行业很困难。

完全垄断市场

完全垄断市场是指在整个行业中某一个厂商控制了所有的市场供给的市场组织。

在完全垄断市场中，市场上只有唯一的厂商生产及销售商品；厂商生产的商品没有任何相似的替代品；其他厂商进入该行业极为困难或根本不可能。

在完全垄断市场中，由于生产产品的厂家是唯一的，因此厂商拥有一定的定价权。

假设在某个国家，棉花的生产被一家企业垄断，那么这家企业就拥有对这个国家全部棉花价格的控制权，可以通过提高价格来提升利润。其他棉花厂商想进入该行业很困难。此时，如果没有法律或其他因素影响，厂商仅凭利益定价，那么很容易造成市场混乱。

结语

如今，在现实生活中几乎不存在完全竞争市场。在不完全竞争市场中较为成熟的市场多为垄断竞争市场，各品牌在市场中发挥着自身的优势，从而占领一定的份额，赢得部分消费者的青睐。完全竞争市场并非完美市场，真正合理的市场需要受到一定“垄断”因素的制约。“垄断”在很大程度上使厂商经营受限，从而使其思考如何生产迎合消费者需求的产品。

6. 差别定价
——为什么景区的水总是卖得比较贵?

为什么凭学生证去景区游玩可以半价？为什么景区的水卖得比外面的贵？为什么晚上打车比白天打车贵？这些事例都反映了生活中一个很普遍的现象——差别定价。

为何要进行差别定价?

差别定价很好理解，是指同样的商品在所处的地域、位置等情况不同时，价格也会不一样。从专业角度来说，差别定价是指对同一产品针对不同的客户、不同的市场制定不同价格的过程。

那么厂商为什么要采取差别定价而非统一定价呢？

答案无非是因为利润。任何一种商品，每个顾客根据场景的不同，在心里都会设定一个价格底线（顾客所能承受的最高价格）。以电影票为例，假设某顾客能够承受的最高电影票价为50元，那么当电影票价高于50元时该顾客可能选择不看电影；而当电影票价低于50元时，顾客就会选择看电影。由于每个顾客的收入水平不同，其对一场电影能够承受的最高票价也不尽相同。

假设电影院一共有 100 个座位。当电影院把电影票价格定在 80 元一张时，只有 20 人能够承受 80 元的价格，那么影院的收入为 1 600 元；当电影院票价定为 50 元一张时，有 50 人能够承受此价格，影院收入为 2 500 元；当电影票价定在 30 元一张时，有 80 人能够承受此价格，影院收入为 2 400 元；当电影票价定在 25 元一张时，有 90 人能够承受此价格，此时影院收入为 2 250 元。

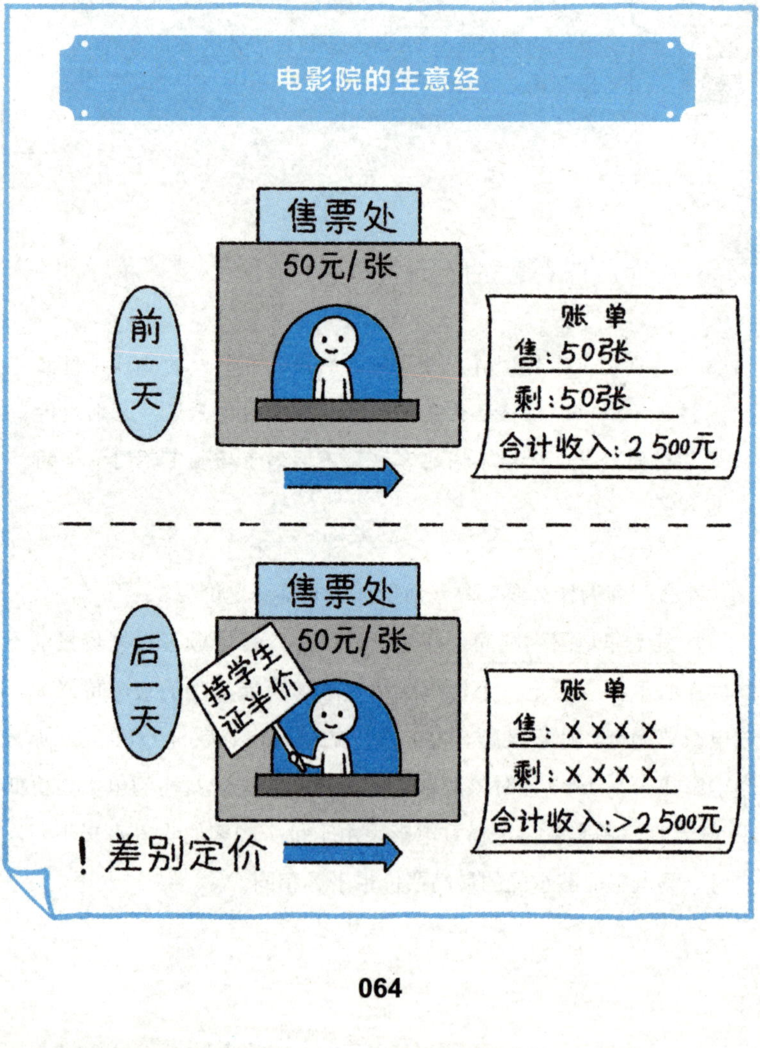

上面的计算是统一定价的结果。在统一定价的条件下，影院的最优选择是将电影票的价格定在 50 元，收入最多为 2 500 元。如果电影院采取差别定价，一开始将电影票价定在 50 元，便会卖出 50 张电影票。此时票没卖完，还剩 50 张。如果电影院接着对消费能力较差的学生群体给予优惠，凭学生证 25 元便可以购票。在这种情况下，剩余电影票又满足了新的需求，所以总收入将大于统一定价时的 2 500 元，这便是差别定价的妙处所在。

差别定价的分类

> 差别定价的前提是市场分离。如果不能有效地分割市场，那么只能执行一种价格。在细分出不同的市场之后，企业便可以采用差别定价的方式提高利润。

例如，在电影票的案例中可以把市场分为普通群体市场（消费能力较强）和学生群体市场（消费能力较弱）等。

市场分离主要有以下分类标准。

按顾客群体分

在这种情况下，根据的是顾客消费能力的强弱。常见的凭学生证可优惠就是把学生群体单独划分出来的例子。此外还有其他的划分方法，例如，商家发放优惠券，而喜好收集优惠券的人群大多数是购买力较弱的群体，于是通过优惠券则可以顺理成章地分出高收入群体市场和低收入群体市场。

按时间分

对一些在某个特定时间内需求量大，而在其他时间需求量少的周期性商品，商家可以根据其需求量随时间的变化来采取差别定价的方式，以期增加利润。

例如，为了鼓励居民节约用电，当处于用电高峰期时（如晚上）收取的电费略高，而在非用电高峰期时收取的电费则相对低一些。此外，一些虚拟产品如流量费、话费等，也存在按时段差别定价的现象。

按场合分

除了时间和用户群体之外，商品售卖的场景不同往往也会导致差别定价。例如，由于景区运营、仓储、人工成本都比较高，旅游景区中矿泉水的售价比一般超市的高出许多。

结语

差别定价是厂商在不同场景下针对同一商品定出的不同价格。很多时候消费者能因为差别定价而感受到来自社会的温暖。例如，在许多城市，老人与残疾人能够免费乘坐公交车、地铁；一些私人店铺、私人娱乐场所对残疾人同样有优惠折扣等。差别定价虽是利润的产物，但其运用方式与目的有很大的不同。

厂商博弈

——为什么价格博弈方总是无法理性？

在商战影视剧中，我们总能看到这样的场景，某企业经过多年的拼搏终于在行业内有了一定的话语权，而在它摸索的过程中一定遇到过某个长期与自身势均力敌的同行。在经营过程中，为了抢夺客户而采取多种策略，“价格战”就是其中最常见的一种竞争形式。

商家博弈，价格间的激烈竞争

当今社会，市场经济发达，形形色色的商品充满了人们的生活。对消费者来说，其在挑选商品时有了更多的选择，消费者可以根据商品的价格、性能等做出适合自己的选择。而对生产者来说，这意味着厂商将与其他同行展开激烈的竞争，除了做好产品之外，厂商们还要思考如何让自己的产品销量增加。

在五花八门的商品竞争方法中，降价促销这一手段十分常见。例如，“双十一”购物节，各大电商纷纷打折降价，许多商店每到节假日便会进行促销，大打价格战。

那么，价格战对一家企业来说究竟是好是坏呢？企业又该如何打好价格战呢？

博弈论中的“囚徒困境”

在了解价格战之前，我们先来了解博弈论中的一个经典故事——囚徒困境。

在这样一个夜晚，警方接到报案：一个大富翁家中所有财宝都被盗走。警方历时两个月终于找到了嫌疑人：一个叫A，一个叫K。警方要求A和K交代犯罪事实。为了防止串供，警方将2人隔离，并告诉嫌疑人：如果一方揭发而另一方沉默，那么抵赖方会获刑10年，揭发方会从轻判罚，获刑3个月；如果双方沉默互不揭发，那么

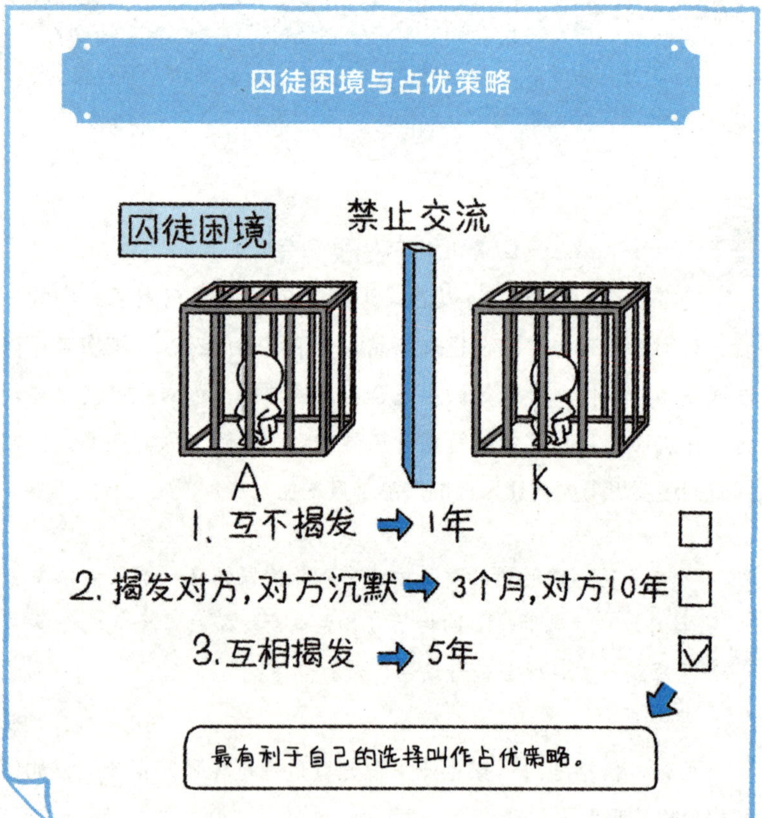

因过去的案底会分别获刑1年；如果双方互相揭发，那么因证据确实都判5年。

怎么办呢？A、K十分纠结，两人知道沉默更好，每个人都只判1年，但是A与K都处于隔离状态，A不知道K是否揭发了自己，K也不知道A是否已将自己供出。门口有人把守，还有监视器监听，2人无法串通，于是就造成了所谓的囚徒困境。很可能A、K最终都会在自身利益的诱逼下选择揭发对方。

在囚徒困境中，假定参与者都是利己的。就像上述故事中的A、K一样，不管同伴怎样，选择揭发对方都比较保险。这在经济学中被称为“占优策略”，即不管对方怎么做，我所选择的策略都是对我最有利的．厂商在日常经营中也常常选择占优策略，厂商之间的价格战便是表现之一。

厂商之间的价格博弈

以冰箱为例，假设市面上生产冰箱的厂商有甲、乙两家。当市场竞争激烈时，如果甲厂商不降价，而乙厂商要降价，那么乙厂商的冰箱销量会增加，从而乙厂商利润增加；如果甲厂商也选择降价，那么乙厂商更需选择继续降价；如果乙厂商维持价格不变，就将会被甲厂商抢占市场，从而使利润下降。不管两方厂商如何选择，降价对任何一个厂商来说都是占优策略。

然而销量的增加、利润的上升都只是暂时的，两方为了获利博弈降价，最终利润都将下滑，这一结果对甲、乙两个厂商都不利，但是，每个厂商站在自己的角度看，降价总有更多的可能获取利润，所以便造成了价格的博弈。

价格战的现象不仅在制造业中常见，在互联网企业中也很常见。例如，在2016年的两大网约车平台价格补贴战中，商家虽然知道增加补贴最终对双方都会有不利的影响，但是为了获取更多的市场份额却不得不对客户大量补贴，大打价格战。

价格战对厂商来说是不利的，但又是不可避免的。如果价格战一直持续下去，那么商品的价格就会一直下降，直到最后商品的价格和成本相当，厂商再也没有降价的空间，这对于参与竞争的厂商来讲，最后只能两败俱伤。

如何防止非理性的价格战?

在残酷的市场竞争中就没有更好的办法来解救被价格“绑架”的企业吗？

方法当然有，而且还不止一个！

遵守法律

2017年修订的《中华人民共和国反不正当竞争法》规定，经营者在生产经营活动中不得扰乱市场竞争秩序，损害其他经营者或消费者的合法权益。该法将一系列非理性竞争模式定为违法行为，并明确列出了罚款金额。

形成价格联盟

企业之间可以采取联合行动，比如不同的厂商之间约定不进行价格战、统一对外定价等。此种措施需要厂商有强烈的协作与自觉意识，完全靠厂商之间自我协商，必要时可以订立条约。

企业合并

这是最近几年来比较流行的方式，我们常听到某某企业与某某企业双强合并、共同经营的新闻。合并之后，原本为对手的企业双方互利共赢，哪里还需要用价格战来打压对方！

如今企业并购在市场中并非稀有，我国大型企业不断谋求海外合作，如腾讯收购芬兰的手游公司Supercell，国家电网收购巴西电力企业CPFL公司等。除海外并购案例外，我国国内企业间的并购更是常见。

结语

厂商在面对价格战时，不论谁先开战，双方都会陷入较为被动的局面，厂商若想真正跳出价格战的旋涡，除了上述3种方法之外，最重要的是要提高自身实力和品牌效应，在商品制作和服务上下功夫，以获得稳定的消费群体。消费者多为"理性人"，除了注重价格之外，更看重商品的质量。

8. 行业的生命周期

——衰退行业转型跑，幼壮行业机遇好

万物皆有生命轨迹，其轨迹遵循特有的发展规律。无论是一株植物的生长轨迹，还是一本小说的叙述结构，或是一种文化的演变过程都存在“萌芽——发展——高潮——结尾”4个阶段。在经济学中，某一行业由无数个企业构成，某一企业由若干劳动者构成，行业宛若一个大型的组合生命体，有其特有的生命轨迹。

新兴行业高速发展，传统行业存在危机

近年来，随着互联网的迅猛发展，人们的生活节奏变得越来越快。2014年前后，人们出门还需要带上现金、银行卡，可近年来，人们出行只需要带上手机就可以解决大部分的消费问题了。随着互联网等新兴行业的快速发展，一些传统行业急需优化转型。

如今人们的购物活动纷纷由线下转移到线上，许多实体店因受冲击而纷纷闭店。电子报刊、微信公众号等网络媒体平台的发展，使人们的注意力由纸质媒体转向移动媒体，因此，传统纸媒遇冷。腾讯QQ、微信的快速发展也在很大程度上改变了我们的社交生活。

世界不断变化，每个时代都会有一些行业在兴起，同时也会有一些行业在衰落。行业的生命周期理论指出：行业从出现

到完全退出社会经济活动会经历以下4个阶段：幼稚期、成长期、成熟期和衰退期。

迷茫的行业幼稚期

一个行业刚刚诞生时，其在技术、服务、策略等方面都相对稚嫩，产品设计也不成熟，而且人们接受新兴事物需要一定的时间，因此，一开始行业利润率通常较低。这时市场竞争少，新兴行业的出现在一定程度上有利于社会的发展，但经过一段时间，人们对行业有了一定的了解，市场增长率①变高，需求增长随之变快。

在2000年时，互联网行业刚刚引入中国不久，市场规模小，网络技术等各方面并不先进，开发难度大。随着经济快速发展，网络普及程度提高，互联网行业才进入高速成长期。

现在，市场中仍旧存在许多处于幼稚期的行业，如VR（Virtual Reality，虚拟现实）技术、基因诊断技术等。这些行业在技术上或多或少还存在一定障碍，需要大量的科研投入，其未来的发展也存在较大的不确定性，但潜力巨大。此时，行业进入壁垒低，但企业在行业内存活的风险也很大。一旦这些行业度过了幼稚期，其优势在市场中就会逐渐体现，行业开始扩张并进入成长期。

经济小贴士

① 市场增长率，是指市场上产品或劳务的销售额或销售量在比较期内的增长比率。

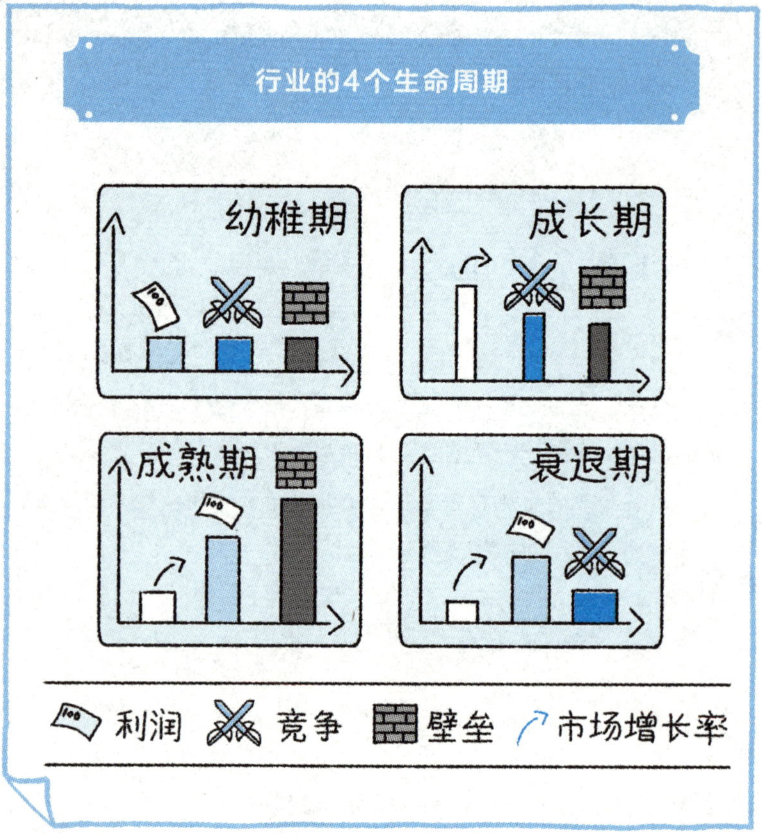

活力十足的行业成长期

到这一时期，行业支持的技术通常已经较为完善，市场增长率较高，需求高速增长，行业特点、行业竞争状况和用户特点已较清晰，企业进入产品品种及竞争者数量增多阶段。

例如，1980年以后，我国那些原来在茫然中“打滚”的民营企业、轻工业、小微企业随着经济的发展和政策的推动挣脱了迷茫状态，开始蓬勃发展，从1990年到2010年这20年间，人们的吃穿用度都有了质的飞跃，一些小企业也渐渐成长为能独当一面、走出国门的大企业。

平稳发展的行业成熟期

在这一时期，市场增长率通常不高，技术上已经成熟，行业特点、行业竞争状况及用户特点相对稳定，利润率较高。

例如，目前我国的汽车行业经过几十年的发展，市场渐渐饱和，汽车行业开始由成长期进入成熟期，销量维持在一个比较平稳的水平。一些初出茅庐的企业想在此时进入汽车行业创立属于自己的品牌、获得较高的利润变得很困难。

夕阳行业的衰退期

衰退期的行业也被人们称为夕阳行业。当一个行业受到巨大的冲击时，该行业市场增长率长期大幅下降，开始进入行业衰退期。处在衰退期的相关企业生产能力会出现过剩的现象，产品成熟、市场上代替品增多、利润下滑，现存的厂商纷纷减产或转型，产品品种及竞争者数量减少。

一个行业的衰退往往是由外界冲击所造成的，这种冲击可以是技术，也可以是政策。例如，19世纪60年代后期，欧洲生产力水平大幅提高，科学技术发展迅速：蒸汽机问世，替代了传统的人工动力机器；汽车代替了马车；电被发明，灯泡代替了燃油灯……技术的发展推动了新兴行业的兴起和传统行业的衰落。

行业总是在不断更替的，20世纪80—90年代，3大件——自行车、缝纫机、手表在当时是人们身份的象征。这3件商品当时的市场需求量很大，厂商只管生产，不愁销售。

随着时代的发展，缝纫机、自行车都已有了替代品，随之而来的是缝纫机行业以及自行车行业的没落，手机上时钟功能的推出也在一定程度上影响了手表的销量。

当然，近年来共享单车的出现使人们骑车出行逐渐变多。

结语

社会一直在变化，每天都有新技术、新事物诞生。任何一种新鲜事物的诞生都有可能带来一种新兴行业的兴起，以及一种传统行业的没落。当然，行业的更替与新事物的诞生都推动了社会的发展。

第3章

货币经济学

我们每天都在与货币打交道，用货币换取物质或精神所需。货币是经济学的灵魂，也是经济学的理论基础。狭义地说，经济学就是探讨关于“钱”的世界。

1. 我们无法想象没有货币的世界

货币在我们的生活中扮演着极其重要的角色。首先，我们用它购买日常所需；其次，货币在经济学中的地位也是无可替代的，如果抛离了货币，经济学中的学说、论著便成了空壳。既然货币那么重要，我们对它的了解又有多少呢？这一章让我们一起探究货币的世界。

货币流通的表现

什么是货币流通？货币流通是指货币作为流通手段和支付手段在经济活动中所形成的连续不断的收支运动。

厂商用货币购买原材料，雇佣员工进行生产；消费者用货币购买厂商生产的商品，于是货币就完成了从消费者到厂商的流动；员工为厂商工作，厂商在日常生产过程中将货币以工资的形式支付给员工，货币又完成了厂商与员工之间的流动，于是便形成了“消费者——厂商——员工”的循环。

货币作为连接各种消费服务的媒介，维持着“消费者——厂商——员工”这个循环的运转。这便是货币流通的一大表现。

货币的本质与演变

货币在流通过程中扮演着极其重要的角色，那么，货币的本质是什么呢？

> 在经济学中，货币的本质就是商品，是商品里的一般等价物。

古人用贝壳作为一般等价物。我们看古装剧时经常可以看到古代的人们用黄金、白银来交换商品，后来觉得黄金、白银不方便携带，时间长了还容易磨损，于是人们便发明了纸币。到了现代社会，科技突飞猛进，接着就有了我们在日常生活中使用的银行卡等更加便携的支付方式。

货币的职能

> 除了用来交换商品以外，货币还具有价值尺度、流通手段、贮藏手段、支付手段和世界货币5种职能，其中，最基本的职能是价值尺度和流通手段。

价值尺度

价值尺度就是指用货币来衡量商品价值的大小。

经久耐穿的真皮鞋不易穿坏，标价2 000元；劣质的仿制皮鞋标价100元，一穿就坏。货币就像一把尺子一样衡量真皮鞋与仿制皮鞋的价值。在通常情况下，商品价值越大，价格越高。

流通手段

货币具有流通手段，是指货币充当商品交换的媒介。

货币的流通手段很常见，我们平常去超市选购商品、付钱，就属于其范畴。

作为流通手段的货币，不能是观念上的货币，而必须是真实的货币。

贮藏手段

贮藏手段，指的是货币退出了流通领域，具有作为一种社会财富被收藏者们保存起来的职能。

那么是不是所有的货币都具有贮藏手段的职能呢？

当然不是。只有金银铸币或是金银条块才具有贮藏手段的职能。平时我们把钱存入银行，并非实现了货币贮藏手段的职能。纸币本身属于信用货币的一种，抛去了信用，它只是薄薄的一张纸。当然，纸币也有它别样的职能，当纸币币值长期稳定时，我们把它存入银行，它便实现了一种叫作“储存手段”的职能。

货币具有贮藏手段的职能能够自发地调节流通中的货币量。当流通中需要的货币量减少时，多余的货币就会退出流通领域；当流通中需要的货币量增加时，部分被贮藏的货币就会进入流通领域。

支付手段

货币还具有支付手段的职能，当用货币还债、支付税款、租金、员工工资的时候，货币的支付手段职能便发挥了其作用。

需要注意的是，货币的支付手段与我们平常去商店买东西付款不同。我们平常去商店购买商品一手交钱、一手交货，属于货币流通手段的范畴，而此处支付手段是随着赊账买卖的产生而出现的。

作为支付手段的货币，购买的主要是服务，并且在购买商品或服务时可以先交钱，再服务；或者先服务，再交钱。

世界货币

世界货币的职能是指货币在世界市场上执行一般等价物的职能。

国家与国家之间的交往贸易使得货币流通不会仅局限于某一国的范围，还要能在世界范围内流通，如此便催生了世界货币的诞生。

货币的5种职能

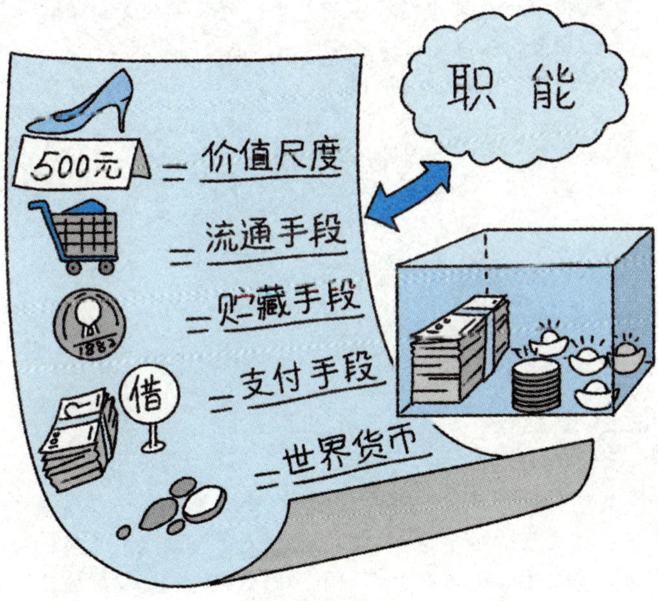

在通常情况下，一个国家的纸币都只能在本国范围内起作用，但是金银条块和金银铸币就不一样了，其能在世界各地直接流通，所以足值的金银是世界货币，而只在各国和地区范围内流通的纸币不算世界货币。

无论是货币的流通还是货币的发展与演变，抑或货币的5项职能，都能真切地反映货币对人们生活的重要性。

货币因我们而存在，我们生活的世界是物质的世界，在经济学中不存在理想的“乌托邦”。如果世界丧失了货币，那么我们也将丧失行动力，所以经济学家们多不愿意做这样的设想。

简单来讲，货币经济学是关于如何获得利润、赚取货币，如何让货币的使用更为便利的一门学问。

结语

在当今社会中，货币扮演着越来越重要的角色，值得探究的也不仅仅在于它的本质与职能。货币有哪些层次？货币的升值、贬值、通货膨胀又各有怎样的奥秘？会对人们的日常生活产生哪些影响？这些都值得我们去了解。在接下来的几节中会为大家一一讲解。

2. 货币
——让交易更便捷

在生活中，人们每天都会接触各式各样的商品：早上起床后用在超市购买的牙刷、洗面奶洗漱；骑着在网上购买的自行车去学校上学；吃着从早餐店买来的早餐；上课时看着从书店买来的教材……每一天，人们都从各种市场中买来自己所需要的商品，各种商品都需用货币交易。那么货币的起源与发展又是怎样的呢？接下来将围绕货币的发展历史，为大家解读货币的故事。

货币的发展主要经历3个过程，分别为实物货币、金属货币以及信用货币。

什么是实物货币？

农耕时代初期，每一个家庭都是一个小的生产单位，生产规模小，分工简单。当社会分工日益成熟，专业化的生产模式渐渐出现时，交易随之产生。人们开始将自己富余的物品与他人交换，换取自己所需的物品，使双方的需求都得到满足。这便是最初的“物物交换”。据记载，人类历史上第一次有记录的物物交换发生在埃及。

然而物物交换存在巨大的不足——时间与空间的障碍。如果某个养蚕人想吃牛肉，而其手中却只有蚕蛹，若想获得牛肉，他就必须在附近找到一个正好需要蚕蛹同时又有牛肉的人。这种偶然事件并不会轻易发生，因此，这种交易难以完成。

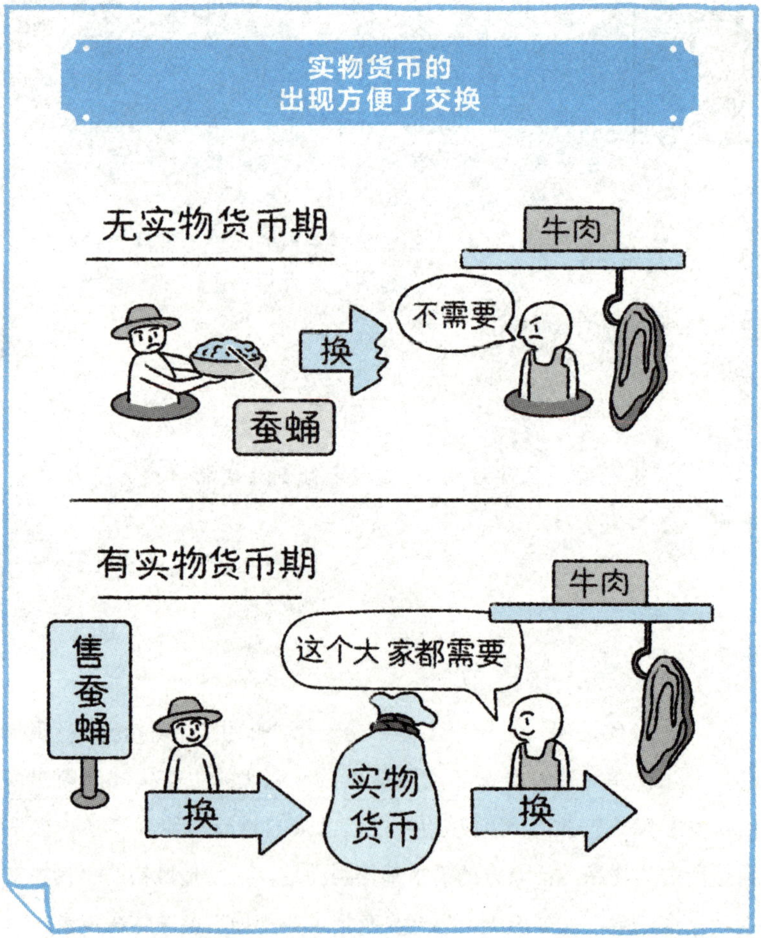

为了方便交易，人们学会使用一些生活必需品（粮食、布匹等）作为交易媒介，换取自己需要的东西。在此种情况下，养蚕人将蚕蛹卖给织布工人或农夫换来布匹或粮食，再用布匹或粮食从屠夫那里换来牛肉，交易完成。而这时，粮食、布匹等生活必需品便充当了交易媒介，也就是实物货币了。

除了粮食、布匹以外，家畜和工具、陶瓷器、毛皮等日常用品都曾经充当过实物货币。

什么是金属货币?

粮食、布匹等生活必需品充当交易媒介虽然方便了交易的进行，但随着居民交易的日益频繁，也暴露出巨大的问题：第一，生活必需品不易长久保存；第二，生活必需品不便携带。

于是，为了解决上述问题，人们开始使用贵金属进行交易。

金属货币有如下特点：

❶ 金属货币质地坚硬，不易磨损、腐烂，容易保存。

❷ 金属货币铸熔过程简单，容易切割成均匀的货币，方便携带，并可以重复熔造，使资源得到合理的利用。

❸ 金属货币的铸造原料金、银、铜等贵金属因存量少，其本身具有较高的储存价值。

所以，金、银、铜等贵金属被用来替代实物货币。

据史书记载，秦统一六国后，秦始皇统一了货币，规定用黄金作为上币，以镒（二十两）为单位；规定圆形方孔铜钱为下币，以半两为单位。这种方孔圆钱从此成为中国货币的主要形式，并一直沿用2000多年。秦朝方孔圆钱是世界上最早由政府法定的货币。

秦朝之后，汉武帝时期改铸五铢钱，唐代时期“开元通宝”被广泛使用，明清时期白银盛行，清末银元开始流行。这些货币都属于金属货币。

什么是信用货币?

金属货币沿用了几千年，可在如今的市场上人们普遍都采用纸币和电子货币结算。金属货币为何会被淘汰呢？

当社会发展到一定阶段，金属货币的缺陷逐渐显露，例如，金属在流通的过程中较容易发生磨损等。此外，随着社会经济的发展，交易愈加频繁，商品数量不断增多，这便需要更多的货币支持经济的发展。由于贵金属的含量固定，因此贵金属作为货币难以支持经济的飞速发展。

为了迎合时代的需求，各国和地区逐渐开始使用信用货币。信用货币是以国家的信用为保证发行的货币。信用货币实际上并没有任何实际价值。由于国家信用强大，因此每个人都可以用这种货币自由地交换商品。

信用货币是由银行发行的信用流通工具。它并不像贵金属一样具有使用价值。它与贵金属完全脱钩，不再直接代表任何贵金属。20世纪30年代，发生了世界性的经济危机，引起了人们对经济的恐慌，许多以市场经济为导向的国家和地区先后脱离金本位[1]和银本位[2]，国家所发行的纸币不能再兑换金属货币，信用货币便应运而生[3]。当今世界各个国家流通的货币如人民币、美元、英镑等都是信用货币。

什么是电子货币？

随着互联网的不断发展，电子货币也悄悄地进入了我们的生活。

> 狭义的电子货币指社会中流通的通过网上银行、银行卡、信用卡等完成网上支付、结算及转账行为的信用货币。广义的电子货币即满足法定货币电子化这一特征的货币。

电子货币的出现加大了交易的便捷性与安全性。例如，我们可以通过网络进行各种支付行为等。

结语

货币演变的过程历史悠久，新事物的演变催生旧事物的退却，货币在发展过程中不断迎合人们的需要，从物物交换到实物货币再到金属货币，而如今信用货币被大家广泛使用。

经济小贴士

① 金本位，即金本位制，是以黄金为本位币的货币制度。在金本位制下，每单位的货币价值等同于若干重量的黄金，通俗来说可视作货币含金量。

② 银本位，即银本位制，是以白银为本位币的货币制度。银本位制有两种类型：一是银两本位，以白银重量“两”为标准流通；二是银币本位，由国家规定的一定重量、成色和形状的金属货币。

③ 纸币出现较早，但一直是以黄金等贵金属为背书。例如，一个国家有多少黄金储量，就可以发多少价值的纸币，而后来纸币与黄金脱钩才成为信用货币。

3. 货币的层次
——M0、M1、M2货币供给“三兄弟”

在经济新闻报道中，人们通常可以听到M0、M1、M2等专业名词。这些专业名词到底是指什么？它们之间有什么区别与联系？

事实上，它们表示货币的层次，在分析宏观经济时发挥着不可替代的作用。人们形象地称M0、M1、M2为货币供给“三兄弟”。接下来，让我们更详细了解它们吧！

货币流通中的M0、M1、M2

通常新闻中说到的M0、M1、M2是指货币供给量，也就是某一时间点流通中的货币总量。在经济学中通常根据货币流动性的不同，将货币供给量分为以下3个层次。

● 现金货币M0

M0是指流通中的现金，即在银行体系之外流通的各单位的库存现金与居民的手持现金之和。人们经常用现金购买商品，用现金进行各种交易活动，因此，M0的流动性非常强。

例如，每个家庭都会在家中存放一些现金，用来支付柴米油盐等日常及一些临时需求的开销，这部分现金便属于M0的范畴。

狭义货币M1

M1即狭义货币，实际上就是指M0加上企业存放在商业银行的活期存款。这类货币具有比较强的流动性，可以随时用来支付，但其流动性不如M0的流动性强。

货币以现金的形式存放在自己手中不会产生任何收益，而且也不是很安全，因此，大部分家庭或单位会选择将部分资金以存款的形式存放在银行中。而银行存款又分为定期存款与活期存款。活期存款流动性比较强，可以随时存入，随时取出，人们也可以通过刷银行卡的方式支付日常开销，所以，M1的流动性相对较强，但不如M0的流动性强。M1反映现实生活中人们的实际购买力。

广义货币M2

M2是广义货币，指M1加上准货币。准货币包括社会单位定期存款、居民储蓄存款和其他存款，其流动性较差。

其他存款主要指证券投资中的客户保证金。M2里面加入了定期存款，由于定期存款有存期限制，不能像活期存款一样随时取出、随时支付。定期存款的流动性相对于活期存款的流动性较差。M2不仅能反映人们的实际购买力，还能反映人们的潜在购买力。

三者的关系可以用以下公式来表示：

不同层次的货币与经济的关系

虽然划分货币的层次对个人来说并没有太大的直接影响，但与国家的宏观经济却有着十分密切的关系。通常来说，不同货币层次的变动在某种程度上能反映宏观经济的运行状况。

宏观经济运行状况可以直接从M1与M2的增长率变化上反映出来。

M1增长率高于M2增长率

若在一段时间内，M1 增长率较高，超过 M2 的增速，则代表经济扩张较快，投资收益较高，即人们不愿意存定期存款，而更愿意把钱投资于实体经济或金融资产，代表社会中存在大量的投资机会，社会经济繁荣。

M1、M2 与宏观经济

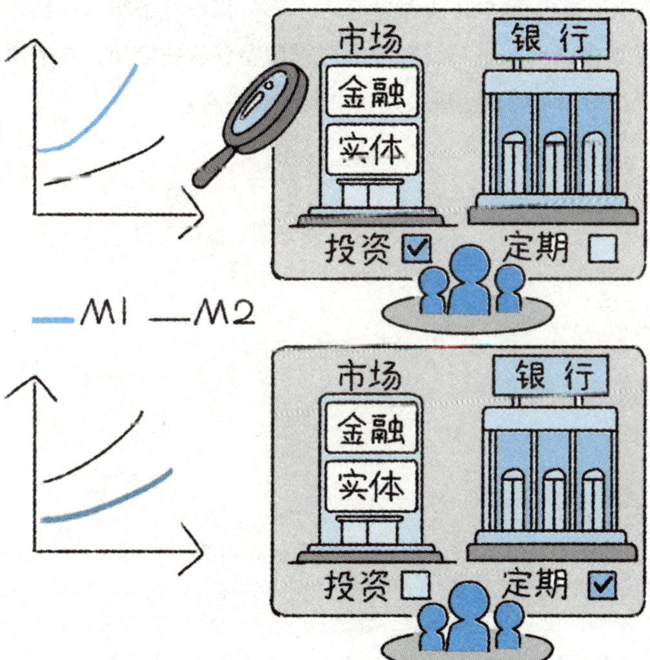

例如，当股票市场火爆时，人们更愿意把钱随时取出用于投资股票，而不愿意将钱存入银行定期，这时M1的数值就会较高。这一点在实际生活中也经常发生。

M2增长率高于M1增长率

如果在很长一段时间内M2的增长率比M1的增长率高，那么就说明实体经济中投资机会在逐渐减少，投资收益普遍较低，经济衰退。金融市场中的获利机会也在逐渐减少，人们不愿意消费，不愿意从事投资活动，而更愿意把钱定期存入银行。在这种情况下，M2增速较快，经济通常表现出疲软的状态。

例如，当股票市场不景气时，人们会更愿意将原来投资在股市的钱存放到银行，这时银行中的居民储蓄存款、定期存款会增加，而投资在市场中的资金减少，使得经济缺乏活力。

结语

M0、M1、M2虽然听起来有些费解，但其本质就是对货币的不同划分。不同层次之间货币数量的变动情况可以在某种程度上反映一个国家的经济运行情况，从而让人们对国家的经济运行有更好的了解。中央银行也通常根据这3个货币供给量的指标来判断社会中货币的供给量是否合适，进而调整货币政策，维持经济平稳发展。

4. 通货膨胀
——让人们财富缩水的“罪魁祸首”

大多数人可能会有一种感觉，那就是钱越来越不值钱。10年前1份早餐一两元就可以买到，而现在可能需要五六元；10年前100元能在超市买到很多东西，可现在只能买到几件商品；10年前大城市的房价还只有几千元1平方米，而现在房价每平方米早已突破万元……种种现象都反映了一个经济学的概念——通货膨胀。

通货膨胀与货币贬值

通货膨胀是指流通中的货币数量超过经济实际需要而引起的货币贬值和物价上涨的现象。

在通货膨胀的概念中，需留意“货币贬值”4个字。货币贬值本身包含两种情况，即从国内与国外两种不同的情况来说，货币贬值具有不同的定义。

● 国内

当货币与黄金等贵金属挂钩时，货币贬值指单位货币代表的法定含金量下降。

当货币与现代信用货币挂钩时，货币贬值指单位货币对内贬值，即流通中的货币量过大，纸币不如原来值钱。

国际

货币贬值意味着兑换其他国家的货币数量减少。在新闻中我们所看到的“英镑对美元贬值”就属于此类。

通货膨胀现象包含货币贬值，而造成货币贬值的因素有很多，通货膨胀并非货币超发一种情况所致。了解货币贬值有利于我们更直观地了解通货膨胀。

造成通货膨胀的原因

需求拉动

需求拉动通货膨胀，是指经济发展过程中货币的总需求大于总供给，从而引起价格水平的持续上升。当一个国家的经济正处于发展和扩张时期时，人们的生活越来越富裕，人们对物质或精神消费的需求持续上升，企业看消费者购买力强，于是纷纷抬高商品价格。如果总需求大于总供给，那么便会引发物价上涨，出现需求拉动的通货膨胀。

例如，1978年以前，我国经济状态低迷，社会生产力低下，但之后几年经济进步较快，民营企业发展迅速，各地民营企业、乡镇企业如雨后春笋一般涌现。新型企业大量出现并从事生产活动，需要购买大量的钢筋水泥等原材料以及机器设备。由于当时生产力水平有限，无法满足市场需求，从而造成了较大程度的通货膨胀。1988

年，我国通货膨胀现象尤其明显，1988年春节过后，各种商品的价格陆续上涨。一些大城市的民众十分恐慌，开始抢购商品，从而引发了1988年的抢购狂潮。许多商场的肉、蛋、糖等副食品在短时间内被抢购一空。数日之内，上海商场里的食盐、食用油、肥皂等日用消费品被抢光。

成本推动

当生产成本上升时，商品的价格也会随之上升，于是在经济学中把由厂商生产成本的增加而引起的商品价格水平的上涨称为成本推动型通货膨胀。

例如，员工工资的全面上涨会引发通货膨胀。

随着社会法治化的发展，企业支付给员工的工资需要随着社会经济的发展而提高，但是在企业经营状况不好时哪里有那么多的工资可以发呢？以服务业为例，我国在过去几十年中人工成本增加了很多，所以造成服务行业的产品价格相应上升。例如，家教辅导、人工按摩、理发、私人咨询等服务的价格在过去几十年中都有大幅提高。人工成本的增加促使商品价格上涨从而引发通货膨胀。

原材料成本上升会引发通货膨胀。

在第二次世界能源危机时，中东国家联合减少石油出产，造成石油价格大幅攀升。石油是工业的血液，众多工业制品的生产都需要以石油作为直接或间接的原料。石油价格上涨，引起世界工业品价格大幅上涨，造成世界性的通货膨胀。

除了以上两种因素以外，税费上升、利率上升等也会造成企业生产成本的上升，从而带动物价的上涨，引发通货膨胀。

通货膨胀带来的影响

通货膨胀对人们日常生活的影响体现在方方面面。当社会处于温和的通货膨胀时，可以在一定程度上刺激经济发展。由于物价小幅度上升，厂商生产商品的意愿增加，厂商利润也小幅度上升，因此使厂商扩大生产，雇佣更多员工。若员工不足，则会催发员工工资上涨等现象的出现。而员工工资上涨又使员工的消费能力增强，

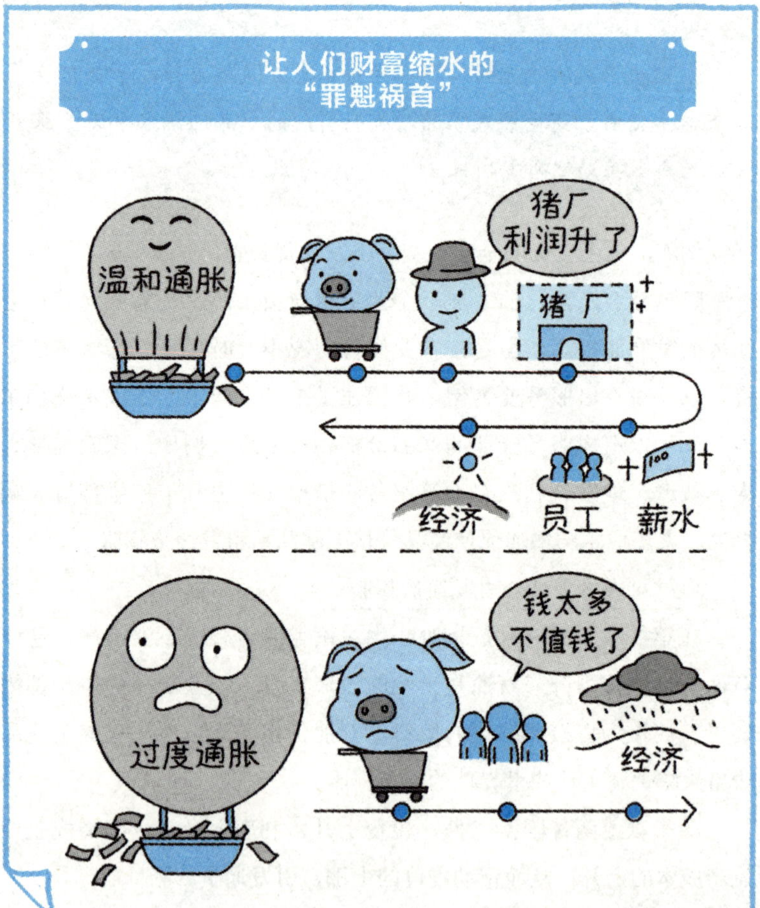

刺激着经济的发展。

在通常情况下，一个国家的通货膨胀率基本保持在3%以下。一般来说，温和的通货膨胀在某种程度上可以刺激经济的增长，而由于通货膨胀率较低，又不至于影响社会民生的发展，这种温和的通货膨胀政策能像润滑油一样刺激经济发展。通货膨胀政策又被称为“润滑油”政策。

然而，当通货膨胀速度太快时，便会对社会产生不良影响，最直观的影响就是物价飞涨，人们手中的财富缩水了。当通货膨胀的速度太快，以至于达到恶性通货膨胀时，对人们来说便是一场灾难。

结语

温和的通货膨胀对于人们的生活不会有太大的影响，而当通货膨胀程度较深时，我们就需要采取一定的应对措施来减少危害。通货膨胀初期，不建议大家将货币以低利息存在银行，可以购买能够增值的资产，如企业股权、基金等。通货膨胀后期则可回收资产。

5. 通货紧缩
——经济延缓背后的原因

在生活中，人们往往对通货膨胀充满了厌恶，认为通货膨胀使物价上涨，自己手中持有的钱变得不值钱了，于是想着要是手中的钱突然变得值钱了那该多好，然而，事实真是如此吗？

什么是通货紧缩？

稍微年长些的人谈到通货膨胀，还能明确阐述直观的个人感受，举出一些案例，例如六七年前，1碗米粉只需要三四元，而如今各城市的米粉价早已翻倍，而通货紧缩的现象却并不常见，这是由于近20年来，中国经济发展较快，而通货紧缩常常伴随经济不景气的情况出现。

与通货膨胀相对应的通货紧缩是指市场中货币的供给量少于人们对货币的实际需求量而引起的货币升值现象。当市场中出现通货紧缩时，各种商品和劳务的价格持续下跌，也就是指手中的钱变得值钱起来，花同样多的钱能买到更多的商品。

造成通货紧缩的原因

造成通货紧缩的原因又有哪些呢？

供给过剩

在当今社会中，许多领域都出现了供给过剩的现象。如在2016年，根据我国国家统计局不完全统计，钢铁、水泥、电解铝、平板玻璃、造船行业的产能利用率分别只有72%、73.7%、71.9%、73.1%和75%。也就是说，这些行业的产能过剩率在30%左右。

过剩的产能使钢铁、水泥、煤炭等领域商品的价格持续下降。产能过剩会导致物价下跌，从而带来通货紧缩。

需求不足

当社会总需求不足时，厂商生产的商品无法快速卖出，厂商为了实现资金的周转不得不选择降价卖出商品。持续的需求不足造成价格的持续下跌，从而带来通货紧缩。

一个国家需求不足通常发生在经济衰退、萧条的时期。20世纪90年代初，随着日本楼市、股市的崩溃，投资业纷纷亏损，许多人毕生的财富在一夜之间化为乌有。人们开始变得拮据起来，花钱变得更加谨慎，从而引发了社会的需求不足，厂商生产的商品卖不出去，于是商品价格纷纷下降。接下来的日本经历了“失去的20年”。在这20年里，日本经济处于通货紧缩状态，也就是物价出现了负增长。

缩减预算支出

政府缩减预算支出也会使需求下降。政府对商品和劳务的购买一直都是拉动需求增长的一个巨大动力。例如，政府花钱修桥、修路、修地铁等，都能带来大量的需求，而当政府缩减预算支出时，容易造成需求不足，从而引发通货紧缩。

货币政策的变动

货币政策的变动对需求也有巨大的影响，当中央银行采取紧缩性的货币政策时，市场上流通的货币量减少，人们更愿意将货币存在银行中而不是选择消费，企业投资的意愿不强，使总需求下降，从而导致物价下跌，引发通货紧缩。

通货紧缩带来的影响

人们通常会讨厌通货膨胀，因为通货膨胀使人们的财富“缩水”，人们手中的钱能够购买到的东西减少。然而，通货紧缩对社会的危害却丝毫不逊于通货膨胀对社会的危害。

当通货紧缩时，超市里的商品今天卖得比昨天卖得便宜，明天卖得又比今天卖得便宜，如此一来，大家都不愿意把钱袋里的钱花出去。你不买东西，我也不买东西，那经济靠什么来发展呢？所以超市里的商品也不是越便宜越好！这便是通货紧缩的影响。

通货紧缩有短期和长期之分。短期适度的通货紧缩对经济没有太大的影响，但长期的通货紧缩会对经济产生巨大的负面影响。

在通常情况下，通货紧缩被认为是经济衰退的先兆，严重的通货紧缩甚至会造成经济大萧条。长期的通货紧缩往往是由于需求量下降造成的，而需求量下降意味着企业生产出来的商品无法售出，大量库存积压。企业为了解决库存不得不降价处理，同时减少生产，甚至停产，从而引发企业利润下降，影响

可怕的通货紧缩

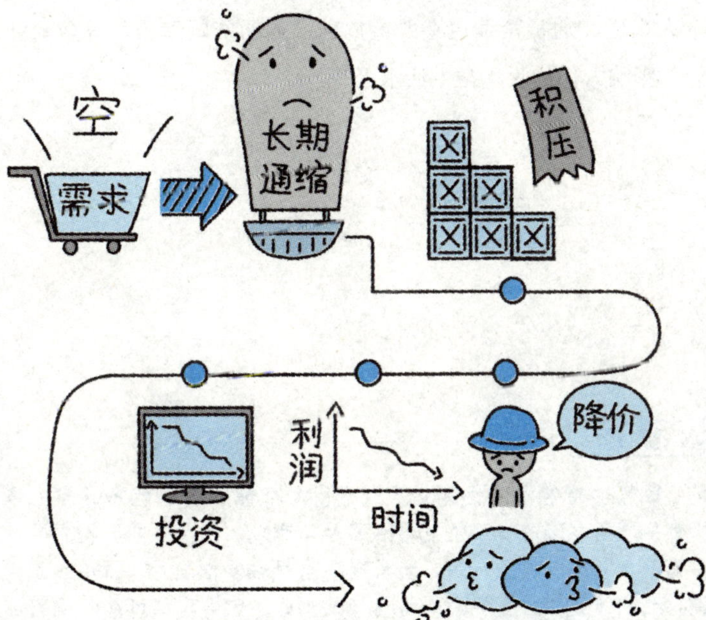

企业的进一步生产与投资。当市场发生剧烈变动时，甚至会造成企业倒闭破产，失业率上升，人均收入减少。

总的来说，通货紧缩的危害并不亚于通货膨胀的危害。

日本自20世纪90年代初经历了长达20年的经济停滞。在这20多年里，日本市场上消费品物价长期萎靡，人们对商品的购买力严重不足，市场一直处于通货紧缩的状态，导致CPI（Consumer Price Index，消费价格指数）比重下降，增长乏力，给日本经济带来了巨大的灾难。

对于社会整体来说，通货紧缩会给经济发展带来不利影响；对于个人来说，通货紧缩也有严重危害，如通货紧缩容易导致就业率下降，影响人们的收入与生活水平等。

结语

既然通货紧缩的危害并不亚于通货膨胀，那么当市场发生较严重的通货紧缩时，我们就可以减少对黄金、原油等商品的购买。因为这类商品价格波动大，当出现通货紧缩的情况时，价格容易下跌，而对于大米、食用油盐等价格波动较小的商品则可放心购买。除购买行为以外，在通货紧缩时，市场不景气，居民投资需谨慎，不要冲动购入资产，而当市场回暖时则可把握投资机会。

6. 中央银行与商业银行

——银行可不是福利机构

提到金融机构时，人们最先想到的就是银行。银行在众多金融机构中扮演的角色尤为重要。人们在日常生活中存钱、取钱、购买理财产品等行为大多数是在银行完成的，大街小巷中各银行网点随处可见。那么我们对与生活如此“紧密”的银行又有多少了解呢?

中央银行与商业银行要区分

在经济学中，银行主要分为中央银行与商业银行。

中央银行常简称为“央行”，它还有个别名叫作“银行的银行”。

而我们平常可以存钱、取钱的银行都叫作“商业银行”。

那么，中央银行与商业银行具体又该如何定义呢？二者又分别承担着哪些职能呢？

商业银行

什么是商业银行?

在商品市场中，厂商生产商品，消费者按需求购买，完成交易。在金融市场中同样如此，资金的盈余方与资金的需求方进行对接，金融机构就是促进资金从盈余方转向需求方的机构。

商业银行便是一种最常见的金融机构，居民将多余的资金存入银行，由银行统一保管，有需要时将资金贷给资金需求者，从而完成资金从盈余方到需求方的转换。

存款准备金制度

在经济类图书中涉及银行时都会有存款准备金的概念。那么存款准备金该如何定义呢？

存款准备金政策是指在商业银行吸收社会存款，再将社会存款贷给资金需求者时，需要将一定比例的资金缴纳给中央银行存管的政策。上交给中央银行存管的资金被我们称为“存款准备金”。

居民甲将自己的100元存入银行，银行又将这100元贷给乙赚取利息，而乙返还了这笔贷款之后，接着银行再次将这100元贷给丙……如此循环，循环的次数越多，商业银行所能赚取的利润也就越多。

不过这种循环却存在着巨大的风险。如在本案例中，若银行将所有的存款以贷款的形式放出，则意味着银行没有现金储备。这时如果甲或乙中的任何一位到银行取钱，银行都拿不出等额的现金，那么就会出现银行危机，引起人们的恐慌。

为了避免这种现象发生，加强商业银行抵御风险的能力显得尤为重要，所以，中央银行要求商业银行每吸收一定的存款后，要把一定比例的存款交到中央银行作备用金，因此，商业银行只能贷出存款的一部分。

假设存款准备金率是 40%，也就是说甲将 100 元存在商业银行中，商业银行需要将 40 元缴纳给中央银行作为抵御风险的准备，其只能发放 60 元的贷款。60 元贷给乙之后，乙不会取出现金，60 元以活期的形式存在乙的银行账户中，以便随时取用，然而其账户中的数额只是账面数据，现金仍在银行内。商业银行又需要将60元中的 24 元准备金存放在中央银行，这时，只剩下 36 元可贷出，于是又将 36 元贷给丙。这样一来，商业银行就有足够的资金流通，当人们临时来取钱时，银行也不会陷入“两手空空”的境地！

商业银行的职能

商业银行主要有以下几个职能：

信用中介职能

商业银行吸收居民存款，将社会上的闲散资金集中起来，通过资产业务投向需要资金的经济部门。在这个过程中，商业银行充当信用中介对资金需求者的信用进行审核，衡量借钱人的还款能力。

商业银行可以通过这项职能对资本的盈余与资本的短缺进行融通，但是在行使这项职能时，资本的所有权并不会改变，改变的只是资本的使用权。

信用创造职能

商业银行在完成信用中介职能的基础上，还完成了信用的创造。所谓信用创造指商业银行将储户的钱贷给他人时，创造出更多的存款过程。

依然是上文中的例子，原来甲将100元的现金存入银行，银行将40元作为准备金留下，然后将剩下的60元又贷给乙。钱以活期的形式转到乙的银行账户内，乙暂时未取出现金。银行扣除准备金后，又剩余36元，于是可以将这36元贷给丙。丙将36元以活期形式存在了自己的账户中。原来这100元只能产生100元存款，而现在却能产生196元的存款，因此，商业银行在将吸收来的存款贷给资金需求者的同时，也完成了信用创造的职能。

除了以上两种职能之外，商业银行还有调节经济、支付中介、金融服务的职能。

调节经济指商业银行通过信用中介活动弥补社会上的资金短缺，同时结合相关政策实现经济与产业结构等方面的转型与调整。

支付中介是指商业银行通过存款在账户上的转移代理客户支付的职能。

由于银行信息比较灵通，具备为客户提供信息服务的条件，加上如今社会电子支付方式盛行，商业银行可以更方便地将负债与金融联系起来，打造金融投资产品，从而为客户服务。这便是金融服务的职能。

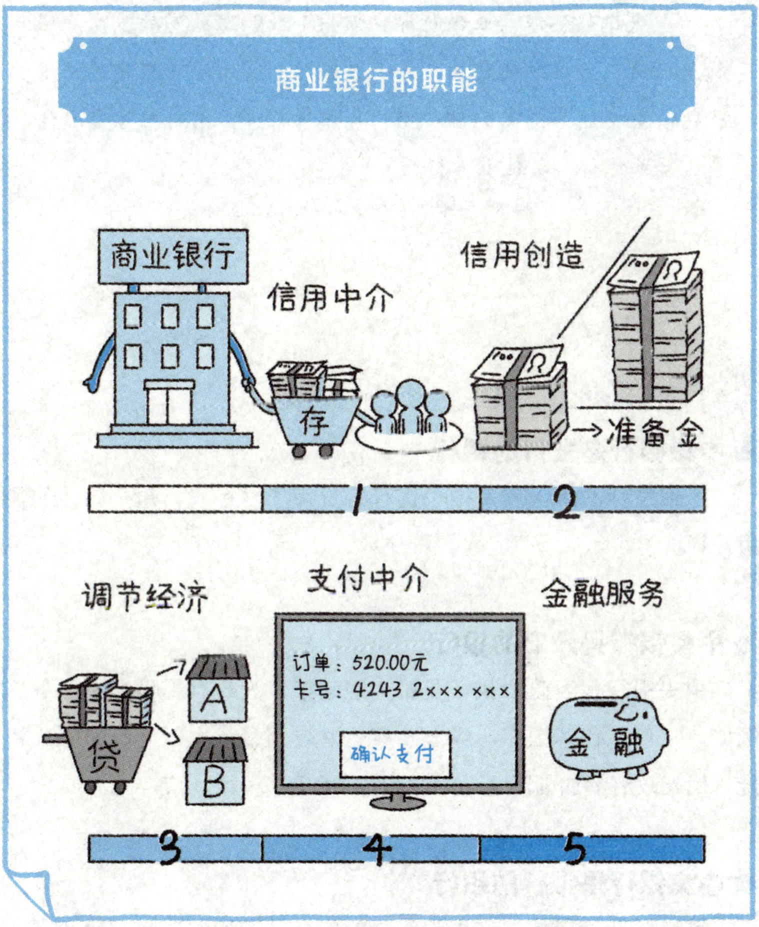

中央银行

什么是中央银行?

中央银行不像商业银行那样吸收存款和发放贷款。商业银行是以盈利为目的的企业，而中央银行则是由政府组建的一个机构，负责调节国家的货币供给、信贷条件，同时监管金融体系、商业银行和其他储蓄机构。

中央银行的职能

中央银行是发行的银行

所谓发行的银行就是中央银行有货币的发行权，是全国性的货币发行机构。

中央银行是政府的银行

中央银行代表政府执行货币金融政策，为政府提供金融服务。例如，它可以代理国库、经办政府的财政预算收支、为政府募集资金、代表政府参加国际金融组织和各种国际金融活动等。

中央银行是银行的银行

这一职能最能体现中央银行是特殊金融机构的属性。除了上文讲的存款准备金制度能体现这一性质以外，中央银行还可以充当全国金融机构票据的清算中心，是全国商业银行的最后贷款者。当商业银行出现资金不足时，其可以向中央银行贷款。

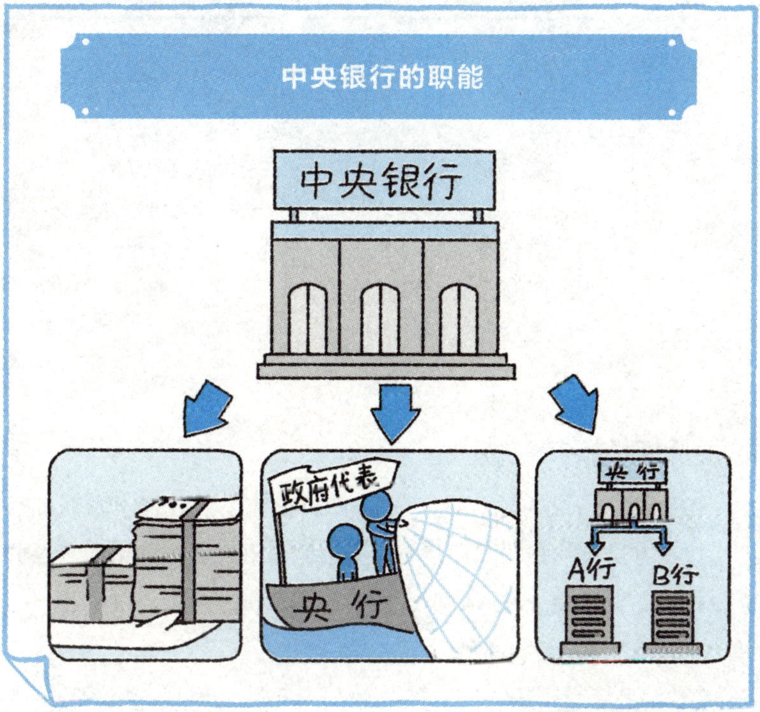

结语

在生活中较常见的可以存取款的银行为商业银行；具有发行职能的银行为中央银行。商业银行与中央银行一同构成了金融体系，负责货币的调控与配置，使货币更好地在社会上流通。商业银行与中央银行各自发挥作用，维持金融体系的稳定，促进货币的不断流通，从而促进经济的增长。

7. 利息与利率

——借贷要合法，高利贷莫触碰

资金借贷无处不在，由资金借贷而衍生出的利息与利率从其含义上说虽易理解，但利息种类繁杂，借贷商为了获得高额贷款收益也不惜想出许多利息圈套，其重要性无可厚非。在接下来的这节中就让我们详细了解一下利息与利率。

利息与利率的定义

在生活中常遇到这样的情况：我们看上了一款最新发布的手机，却没有足够的钱购买；某个项目前景可观，我们却没有足够的资金投资。这时就需要向别人借钱周转，待到手头宽裕再将钱还上，由此便产生了资金的借贷。

通常在借贷时，人们除了归还本金以外，还会额外支付一定的费用作为报酬，而这个报酬就相当于货币的租金，也就是我们所说的利息。在一段时间内利息与借款金额的比值就是我们所说的利率。

利率的分类

按照不同的分类方式，利率可以分为不同的种类：例如，根据计算方法的不同，利息可分为单利与复利；根据与通货膨胀的关系可分为名义利率与实际利率；根据时间长短可分为年利率、月利率与日利率；根据利率的特性可分为固定利率与浮动利率等。在这里，主要介绍以下两种在我们生活中常见的利率类型。

根据计算方法的不同，分为单利和复利

单利是指在一定的贷款期限内只在原来的本金上计算利息，对利息不再计息，而复利则不同，它更重视时间因素，除了在原来的本金上计算利息之外，还要不断地把未归还的本金所产生的利息重新计入本金，一并计算利息。

复利在民间通常被称为“利滚利”，我们听到的“高利贷”便是以复利计息的。假设一个人借了 1 万元，这笔借款的年利率为20%，一年之内若不能还完，这一年的利息也得与1万元相加作为第2年的本金，那么以复利计算，在6年后这笔1万元的借款若未能归还，将变为近3万元。

根据与通货膨胀的关系，分为名义利率和实际利率

名义利率是指没有去除通货膨胀因素的利率。一般我们在生活中所接触到的利率，如合同与单据上的利率等都没有考虑通货膨胀的因素。而实际利率是指剔除通货膨胀之后的利率。

例如，某一年银行的存款利率是 3%，而通货膨胀率却是 5%。假设一年前将 100 元存入银行，虽然一年之后人们可以拿到 103 元，但是一年以后物价上涨，103 元能够买到的东西却没有一年前的 100 元能够买到的东西多，这时名义利率为 3%，而实际利率为 -2%（名义利

率减通货膨胀率），也就是说，当存款利率低于通货膨胀率时，人们的财富实际是变少的。

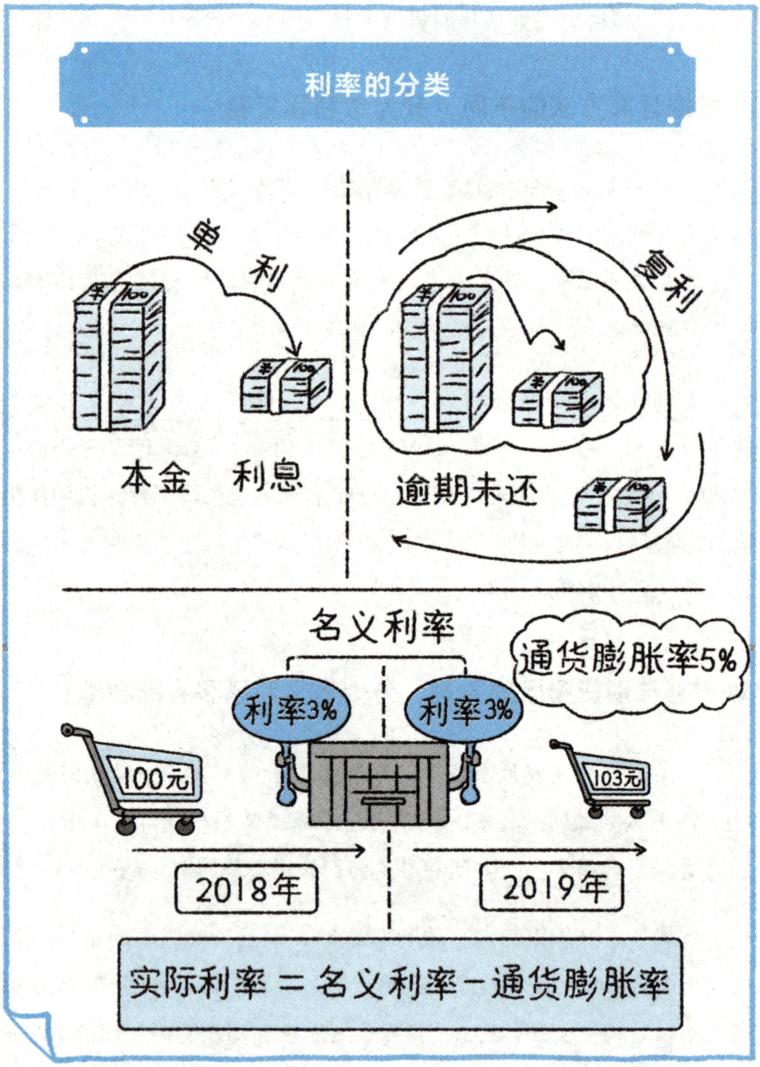

影响利率的因素

在商品市场中，商品的价格受供给与需求影响：当供给大于需求时，价格下降；当供给小于需求时，价格上升。同样，在借贷市场也是如此。当资金盈余方货币的供给大于资金需求方的需求时，利率下降；当资金盈余方货币的供给小于资金需求方资金的需求时，利率上升。

货币供给

央行管理货币的供给：当央行采取扩张性货币政策[1]时，市场上的货币供给量增加，利率通常较低；当央行采取紧缩性货币政策[2]时，市场上的货币供给量变少，利率较高，表现在生活中便是企业向银行借钱更难。央行通常通过调节货币供给量以调整利率，从而对宏观经济进行调控。

货币需求

除货币供给以外，货币需求是影响利率的又一重要因素。通常货币的需求由国家经济状况决定。当一个国家实体经济中存在大量的投资机会且回报率较高时，企业纷纷愿意投资，于是货币的需求量增加，利率会走高。此外，金融市场以及房地产市场的火爆都能够引起货币需求的增加。当货币的需求量增加时，银行或其他借贷机构通常会略微调高利率。

经济小贴士

① 扩张性货币政策，是货币政策的一种。在扩张性货币政策下，货币供给增长速度提升，从而可刺激总需求，此时取得信贷更容易，利率降低。

② 紧缩性货币政策：在紧缩性货币政策下，货币供给增长速度降低，总需求降低，此时取得信贷较为困难，利率提高。

利率的高低由什么决定？

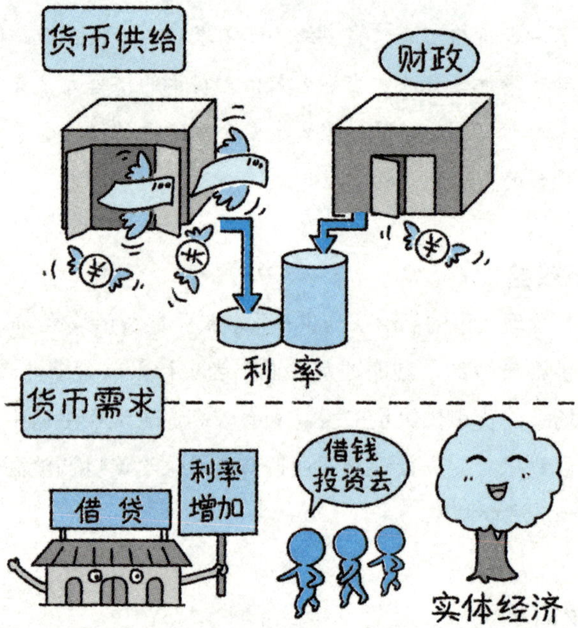

利息高昂的“民间高利贷”

民间借贷这一形式很早就已经出现了。民间借贷通常是为了满足一些无法在银行获得贷款群体的资金需求。民间借贷的利率通常很高，比银行贷款的利率往往要高出几倍。

一直以来银行都更偏向于向有还款保障的国有企业及大企业发放贷款，一些中小企业及个人很难从银行获得贷款。这便使中小企业和个人将目光转移到民间借贷上来。民间借贷行为和机构的大量出现，有效缓解了中小企业的融资难题，满足了部分市场主体的资金需求。然而，民间借贷安全保障弱，风险很高：债主为了获得高额收益往往收取高昂的利息，而欠债方本身也会存在一些问题，如不具备还款能力等。这样一来欠债方仿佛进入了债主的圈套，“利滚利”的形式催生悲剧。

由于这类不良后果，民间借贷的利率受到了法律限制。大家对民间高利贷危害的认识越来越清晰。

供给不足而需求大，反而会在一定程度上促使民间贷款利率更高，所以，要想解决民间借贷中存在的问题，根本上还是要靠法治。目前审理民间借贷纠纷案件的主要依据是《最高人民法院关于审理民间借贷案件适用法律若干问题的规定》。

结语

货币的租金即利息，而在一定时间内，利息与借款金额的比值为利率。利率种类繁多，当我们向他人或贷款机构借款时遇到以复利计息的情况就需要更加谨慎，以免落入高利贷的圈套。当然合法的投资渠道也会以复利的形式来吸引投资者，复利模式可能会为投资者带来高额的回报率，但其操作模式可能较为复杂，在遇到具有诱惑力的复利投资时，我们需要擦亮眼睛去甄别，并主动积累相关知识，掌握投资秘诀。

8. 货币政策
——货币并非越多越好

在经济学中，货币政策是指国家通过银行系统组织调节全国货币供给所采取的政策。也就是通过调节货币供给从而影响利率，间接影响企业、居民的投资、消费、储蓄等行为，促进国家经济的平稳发展。那么货币政策该如何分类？有哪些常见的货币政策？这些政策对我们的生活有什么影响呢？

货币政策分类

基础的货币政策可以分为扩张性货币政策和紧缩性货币政策两种。

扩张性货币政策

扩张性货币政策是指通过增加货币供给量来刺激总需求的政策。

在扩张性货币政策下，市场上的货币供给量会增加。这表现为企业借钱更容易了，利息更低了，因此，企业更愿意从事相关的生产活动；投资者借钱更容易，因此，他们也更愿意参与到投资活动中去；居民也更愿意花钱消费。然而，当社会经济状况不好，市场不活跃时，政府通常采用扩张性货币政策来刺激经济的增长。

紧缩性货币政策

紧缩性货币政策，是指通过减少货币供给量来降低总需求的政策。

在这种政策下，银行借、存款利率抬高，企业借钱不划算，市民更愿意把钱存进银行。市场的货币供给量较少，企业不愿意投资，居民不愿意消费，因此，在通货膨胀较严重时，相关国家或地区通常会采用紧缩性货币政策来减少市场上的货币供给量，以遏制通货膨胀。

扩张性货币政策与紧缩性货币政策

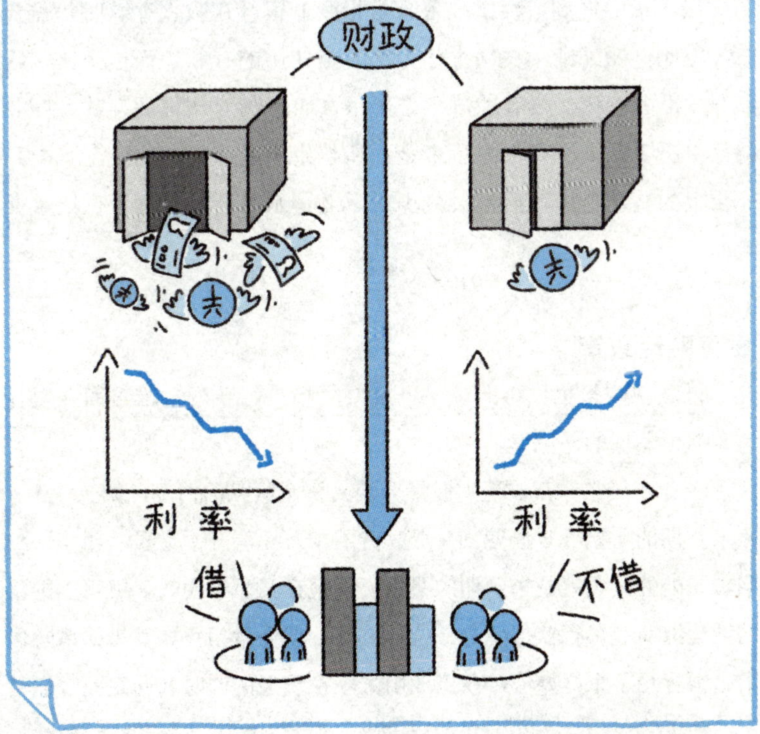

实施货币政策的工具

无论采取扩张性货币政策还是紧缩性货币政策，都需要通过货币政策工具来达到目的。货币政策工具是中央银行为了达到调节货币供给量的目的所采取的手段。最常见的3大工具分别是：法定存款准备金政策、再贴现政策和公开市场业务。

法定存款准备金政策

法定存款准备金政策是中央银行通过调整法定存款准备金率来影响商业银行的信贷规模，从而影响货币供给量的一种政策措施。

在本章中提到，存款准备金是指商业银行在吸收存款时，需要按一定比例缴纳给中央银行作为准备金使用的存款，而这个比例就是存款准备金率。当存款准备金率很高时，面对同样的存款，商业银行将更多的资金作为准备资金，所以用于发放贷款的资金减少，社会上的货币供给相应也会减少；反之，则社会上的货币供给量会增加。

再贴现政策

再贴现政策也称再贴现率，主要是指央行改变自己对商业银行的票据再贴现的贴现率。

企业在日常经营过程中经常会遇到资金紧张的情况，如企业A有还未到期的票据（B企业向A企业借了*N*万元，开了借条，明年才到期，此处的欠条就是未到期的票据）而现在又急着用钱，就可以把票据转让给商业银行获得现金。这样，银行就要承担突如其来的风险，于是银行想了个好办法，在企业用欠条换现金的同时会向企业收取一定的利息，这个行为叫作“贴现”。

商业银行同样也有资金紧张的时候。在商业银行资金紧张时，其可以把企业的票据卖给中央银行，或者说给企业背书[①]担保。这种行为叫作“再贴现”。在这个过程中，商业银行也得向中央银行支付一定的利息，这个利率就叫作“再贴现率”。

例如，某商业银行持有一年后价值为110元的票据，如果再贴现率是10%，那么现在这张票据只能兑换100元的现金。当再贴现率较低时，说明商业银行向中央银行获取现金的成本低，相同的票据能够换到更多的现金，因此，商业银行更乐于向中央银行再贴现。同时，企业向商业银行去贴现时，企业能换到的钱也会随之增加，因此，市场上的货币量也会随之增加。

公开市场业务

公开市场业务是指央行在金融市场上买卖有价证券的活动。

例如，当央行向居民买入国债时，居民手中的国债就变成了现金，从而增加了流通中的货币量。

当央行卖出国债时，市场上需要一定的资金购买国债，因此，流通中的货币量就减少了。

在操作公开市场业务时，央行操作的空间较大、可行性较高，且公开市场业务的灵活性大。当中央银行将证券卖出时，能够回收市场资金，减少货币的供给量；当中央银行将证券买入时，能够增加市场上的资金流通，增加货币的供给量。

经济小贴士

① 背书，是指票据持有人将票据转让他人或将票据授予他人使用时，在票据背面或者贴单上签章并做必要记载的行为。原票据持有人在转让票据时需要在票据背面签名。原票据持有人为背书人。背书人拿到了票据款项，若发生违约，则票据的最终持有人可对背书人进行追索。

结语

不管是扩张性货币政策，还是紧缩性货币政策，其最终目的都是达到稳定物价，保障人民充分就业，促进经济平稳增长等目标。在物价上升过快时，央行可以通过减少货币供给来控制物价；当出现经济衰退，失业率大幅上涨，经济增长停滞时，可以采用扩张性的货币政策适当刺激经济增长，鼓励企业生产，降低失业率。恰当的货币政策能使经济更好地发展，人们生活更加稳定。

9. 外汇汇率
——留学、出境游你都需要知道

在货币经济学中，人们对人民币的升值、贬值状况普遍关心，因为货币的升值、贬值不仅决定了钱袋（货币购买力）的大小，还影响着人们的投资行为。而外汇与汇率则是人们比对货币价值的一面镜子，同样值得关注。

国际贸易离不开汇率

随着我国经济开放水平不断提高，与世界各地的贸易往来越来越密切。现在人们只需要动动手指就能在互联网上购买到国外的商品。然而，由于每个国家使用的货币不同，因此购买外国的商品就需要用到外国的货币，这就是我们所说的外汇。美元、欧元、日元等货币对我们来说都是外汇。

不同国家的货币代表的价值并不一样，例如，1单位欧元、美元的价值较高，而1单位日元、泰铢的价值较低。为了方便交易，便催生了汇率，即作为不同国家之间货币兑换的比例依据。

汇率的变动对一个国家的物价、企业、金融等稳定都有着至关重要的影响。

那么，汇率由什么决定？汇率的变动又代表着什么呢？

汇率由什么决定?

汇率作为国家与国家之间货币兑换的基准，从根本上是由两国货币的购买力决定的。

假如大米的价格在中国是5元/千克，而在美国却是1美元/千克，这便说明5元人民币与1美元的购买力相同，那么1美元的价值就相当于5元人民币的价值。而世界上并不只有大米这一种商品，衣、食、住、行、服务、虚拟产品等都有其既定价格，所以，评估一个国家货币的购买力需要选取一系列商品作为样本。购买力评价就是一种用来衡量不同国家货币购买能力的参数。它通过价格调查，收集对比各国150多类、2 000多种代表商品（包括劳务）的价格资料，进行加权平均之后，按照对人们生活影响程度的大小计算出各个国家的货币购买能力。

汇率的标价方法

在经济学中，汇率有两种表示方法：一种是直接标价法；另一种是间接标价法。

直接标价法

直接标价法是包括中国在内的世界上绝大多数国家目前都采用

的汇率标价方法；是以一定单位（1个、100个或1 000 个单位）的外国货币为标准来计算应付多少单位本国货币的标价方法。外币价值与汇率的涨跌成正比。假如去年1美元兑换6元人民币，而今年1美元兑换7元人民币，那么我们就可以说美元币值上升，人民币币值下降，汇率上升。汇率上升，代表着本国货币贬值，与本国货币价值形成反比关系。

间接标价法

间接标价法是指以一定单位（1个、100个或1 000个单位）的本

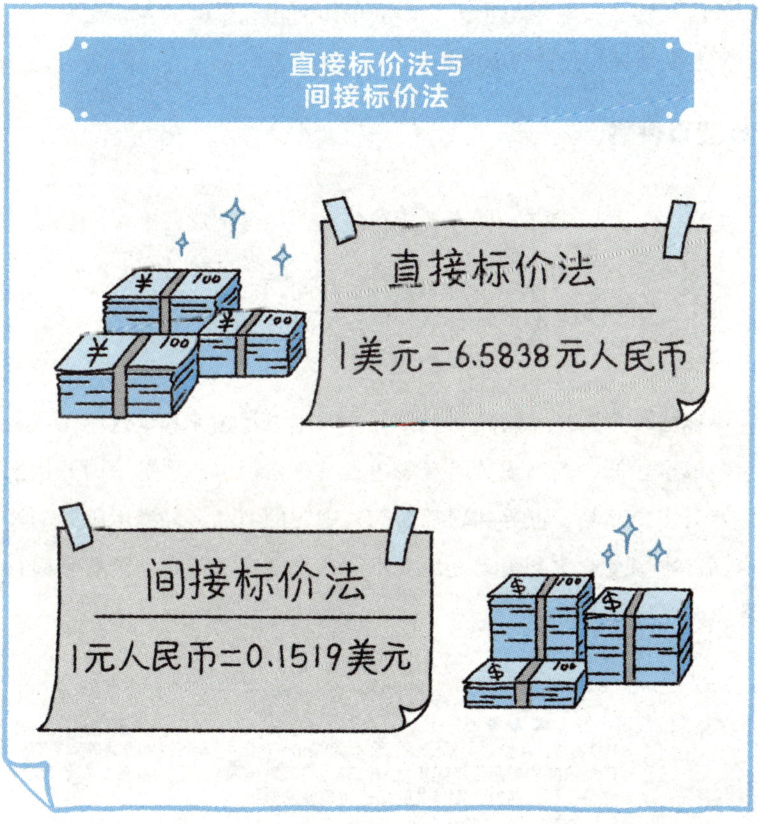

国货币作为标准，折算一定数额的外国货币的标价方法。英国、美国和欧元区均采用间接标价法。

本节接下来所涉及的汇率兑换或标价方法均采用直接标价法。

影响汇率变动的因素与汇率变动的表现

实际上汇率每天都在波动。汇率的波动代表着本国货币的升值与贬值。那么，汇率与货币的币值是如何相互影响的呢？汇率的变动又会受到哪些因素的影响？

货币供需

当人们对商品的需求大于供给时，价格上涨；同理，当人们对一个国家的货币需求大于供给时，这个国家的货币就会升值，也就代表着汇率的下降。

例如，中国在加入WTO①初期，与其他发达国家和地区相比，其生产成本较低，商品在世界竞争中具有价格优势，于是中国开始大量对外出口商品。世界各国都在购买中国的商品，外商用美元购买商品。中国企业拿到美元之后并不能在中国直接花费，需要到银行将美元兑换成人民币。

经济小贴士

① WTO，即世界贸易组织，全称为World Trade Organization，简称WTO，是当代最重要的国际经济组织之一，有“经济联合国”之称。其目标在于建立一个更完整、更具活力、更持久的多边贸易体系。

当人们对一个国家的货币需求小于供给时，这个国家的货币就贬值，因而汇率上升。

国际收支

国际收支是影响外汇汇率升值贬值的最重要因素之一。如果一国国际收支为顺差①，那么国外对这个国家的货币需求增加，这样一来该国家的货币升值，汇率有下降的趋势，而当一国的国际收支为逆差②时则反之，这个国家的货币便会有贬值压力，汇率有上升趋势。

除了国际收支以外，汇率还受到通货膨胀、利率、经济增长水平等多种因素的影响。

当一个国家处于通货膨胀时期，通货膨胀率较其他国家更高时，则该国的货币购买力下降，相对来说有贬值的压力，会引起汇率上升。

而当一个国家利率提高，高于其他国家的利率时，外商可能会兑换货币以获取更高的利息，那么该国货币升值，汇率下降。然而，当该国利率比其他国家利率低时，外商就会选择其他国家的货币，从而该国货币贬值，汇率上升。

当一个国家经济不景气时，该国货币不稳定，货币政策多变，

经济小贴士

① 国际收支顺差，或称国际收支盈余，是指一国在国际收支上收入大于支出。

② 国际收支逆差，或称国际收支赤字，是指一国在国际收支上支出大于收入。

外商在此时可能会处于观望状态或撤出资金，而该国的汇率在此时受到货币政策、利率等多方面的影响处于不稳定状态。而当一国经济状况良好时，其货币汇率也比较稳定，会吸引众多外商前来投资，汇率市场状况良好也会反作用于经济的发展。

结语

汇率看似离我们很遥远，但实际上与我们每一个人都息息相关。随着国家经济的发展，人们海外留学、出境旅游、购买进口商品等行为变得越来越频繁，而当我们有以上打算的时候，外汇与汇率就显得至关重要了。这其中涉及转汇、换汇的问题。此外，汇率的变动也多与人们的投资活动有关。人们可以通过预测汇率走势获取投资信息。

第4章

消费经济学

谁能没有消费的烦恼？物质有限而购物欲却是个无底洞。如何满足物质需求，如何克制物质需求，就是属于你我的消费经济学。除此之外，消费还有另一种面貌：在物质资料生产过程中，生产资料与劳动的使用、消耗也属于消费。消费中的经济学有何奥妙？

1. 消费观
——什么样的“购物车”最合理？

人从一出生就扮演着消费者的角色。小时候生活条件有限，父辈会告诉我们一件衣服能穿9年：“新三年，旧三年，缝缝补补又三年！”我们也常听人叨念：“柴米油盐酱醋茶，没钱莫要胡乱花！”“一分钱、一分货，便宜莫多贪！”如此种种皆消费！

必须消费：饭要吃饱，衣要穿暖

在日常生活中，人们需要购买各种各样的商品以满足其需求，每种商品都有其具体的使用价值。

人们通过书籍来获取知识；通过手机联系远方的亲人；通过汽车到达想去的地方；通过棉袄抵御寒冬——消费是我们无法割舍的必要行为。

社会快速发展，人们对消费的需求已经不仅仅局限于填饱肚子的层面。随着生活水平的提高，人们对所需物质有了更高水平的标准，会追求商品的美观性等。

消费新升级：追求审美价值

20 世纪70年代至80年代时，社会经济发展水平还比较低，人们在消费时往往更看重其所消费商品的实用功能：买衣服时选择物美价廉的；买食品时选择购买相同价位更好吃的；买灯泡时选择使用寿命长的。

随着经济水平的日益提高，人们对商品的审美需求也越来越强烈。一件衣服，人们不仅在意其御寒效果，还在意穿在身上的舒适性，款式、设计、风格等因素。对消费者来说，其购买的商品既要有实用性，又要有审美价值。当经济日益发展时，商品的工艺设计、造型、式样、色彩、风格等方面的因素在人们的消费行为中起着越来越重要的作用。

“高端”消费：注重商品的象征性

高端消费具有社会象征性。这在社会生活中几乎已成为共识。在消费时，人们能够通过购买某类商品向社会展示自己的某些特征，从而在心理上得到满足。

某位明星花 2 万元买了一个包，而 2 万元对普通消费者来说能买许多质量、款式俱佳的包。花 2 万元买包的消费者可能不仅仅是需要一个包来装东西，而更多的是用来象征自己的身份与地位。

当我们想和朋友一起吃饭时，有高档五星级大饭店与一般餐馆供我们选择。五星级大饭店的菜品与一般餐馆的菜品在味道上真的会有很大的差别吗？

其实，更多的还是这两种场合的象征意义不同而已。

在重要的会议场合，有重量级嘉宾来访，即使某家“路边”饭馆的菜品味道再好，我们也还是会选择一家高档的饭店。这也说明了我们的消费行为与当时所处的环境有着紧密的联系。

总而言之，我们的消费选择受到一系列因素的影响，但最重要的因素与我们的收入水平有关。

消费者消费观念的转变历程

消费者有几种常见的消费心理，分别为从众消费心理、求异消费心理、攀比消费心理与求实消费心理。

我们在购买高端奢侈品时，很容易被长辈理解为是攀比心在作怪，缺乏求实的消费心态。事实是这样吗？当我们购买某件商品时，是注重它的实用性还是审美价值，或者说更在乎它的象征意义呢？怎样的消费方式才能提升我们的幸福感？这些都是消费经济学中需要探讨的问题。

简单来讲，在我们的行动力之内，自己能负担得起的商品或服务，并有所收获的消费行为都是合理的。

求实消费可以理解为：在消费过程中追求实惠，综合评定多种因素，选择合适的商品。求实性的消费行为值得提倡。

结语

在经济学中除了消费方式之外还有哪些与消费有关的常识需要我们去了解呢？接下来为大家仔细讲解与消费经济学有关的那些事儿！

2. 谨慎的“理性人”
——懂得适度的合理消费

在日常生活中，人们经常会有冲动消费的时候。在逛商场时，看到各种促销打折的广告，就会忍不住想购买该产品；结账时，听销售员说再购买100元的商品就可以获得小礼品时，又会重燃起购买的欲望……很多人都有过此类经历，但“理性人”却不会！

什么是“理性人”假设?

在经济学中有一个重要的假设是“理性人”假设。它将参与经济行为的个体设定为非常理智、不感情用事、不盲从的个体。理性人在做出任何选择前，都能够先充分获取相关信息，衡量成本与收益，再决定如何选择。

例如，在购买一件衣服时，“理性人”会充分了解与这件衣服相关的所有信息，如这件衣服的材质、大小、颜色、款式等。在了解完所有信息之后，再衡量购买衣服能给自己带来的收益，以及自己购买衣服所要付出的成本。当收益大于成本时选择购买，而当收益小于成本时选择不购买。

什么是“理性人”假设？

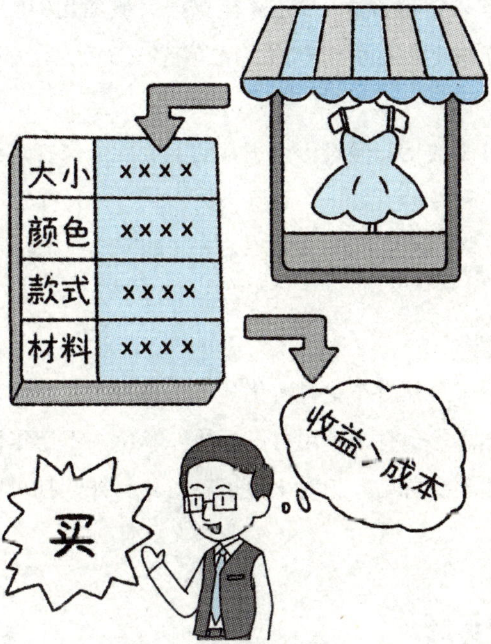

“理性人”假设看似功利，但实际上，如果人们在生活中能做个“理性人”，也会避免许多不理性的消费。

在当今社会，商品信息繁杂多样，我们面临各式各样的选择，如果在选择前不仔细了解、分析所选商品的收益与成本，那么就容易冲动消费、盲目消费。

买车与打车哪个更划算？

"理性人"的每一笔消费都是在分析收益与成本后做出的决策，那么，站在"理性人"的角度，其又会如何看待买车这个问题呢？

一辆车以落地价 20 万元来计算，大概使用8年。油费、停车费、保险等各种费用每年保守估计要花 费1.5万元，那么平均每年的成本为4万元。

如果打车的话，假设一个正常的上班族从家打车到单位来回两趟大概每天需要50元，一个月除去周六、周日只有24天。这样，一个月的打车费用就是1 200元左右，一年的平均成本约为1.5万元。

打车优势

对比下来显然打车更具有优势。选择打车，在坐车的过程中可以阅读、休息等。打车不用自己寻找停车位，不用年检、买保险、加油，省去不少费用，相对来说更轻松。另外，打车还不用考虑限行的问题。

买车优势

买车后，消费者有了自我空间，生活档次提高，满足感也较高，节假日还可以带全家人自驾游。有了属于自己的车之后，出行也更加便捷。

在综合考虑所有因素的情况下，买不买车要根据自身的情况！如果买车单纯是为了代步出行，那可能没有必要；但是，如果买车是为了提升个人生活品质，则需要分析买车的收益与成本。

按照“理性人”的做法，我们可能享受不到说买就买的随性，但是随性消费的背后往往可能伴随着后悔，因此，防患于未然或许才是我们要做的。

“理性人”假设教我们在理性的状态下裁决自身的行为。作为经济学中的重要理论支撑，“理性人”假设促使人们认识经济规律，把握经济规律，应用经济规律。

结语

“理性人”虽只是个假设，但如果我们尽量向其靠拢，将会拥有许多不一样的消费体验，我们的生活习惯会随之改变。除打车与买车外，在日常生活中还面临着一些繁杂的消费选择，小到决定是否需要买一件衣服，大到决定是否要买车买房。在各种各样的消费场景下，我们要认真分析每一种选择的收益与成本，做出理性的判断。

3. 恩格尔系数与基尼系数

——幸福的意义是温饱与富足感

在经济学中，人们只要谈到消费，便会谈到恩格尔系数和基尼系数。恩格尔系数除了能反映我们的消费水平以外，还能反映一个国家的经济状况。基尼系数则是预兆社会财富分配比例的一面“明镜”。接下来就让我们深入地了解恩格尔系数与基尼系数吧!

恩格尔系数

在我国，20世纪70年代和80年代时的“吃了吗？”是非常流行的一句问候语，而现在“吃了吗？”正逐渐被其他问候语所代替。

在过去物质生活不太丰富的年代，“吃”在人们的日常消费中占了很大比例。那时候并不是家家户户都能吃饱的，所以“吃了吗？”成为人们互相问好的常用语句。随着人们的收入水平逐渐提高，人们花在“吃”上的费用占其收入的比例越来越小，而在娱乐、教育、文化上的消费逐渐增加。

在消费中，“吃”的支出总额占个人消费支出总额的比例就是恩格尔系数。也就是说，恩格尔系数是指食品支出总额占个人消费支出总额的比例。

一个家庭收入越少，那么在这个家庭的消费结构中用来购买食品的资金所占总收入的比例就越高。当一个家庭的收入水平逐渐提高时，用于购买食物的支出比例就会下降，他们会将更多的钱花在医疗、教育、休闲娱乐等领域。

一个国家也是如此，食品支出占总支出的比例越大，代表这个国家越贫困；而食品支出占总支出的比例越小，则说明该国家人民的生活水平越高。

恩格尔系数与人们的生活水平

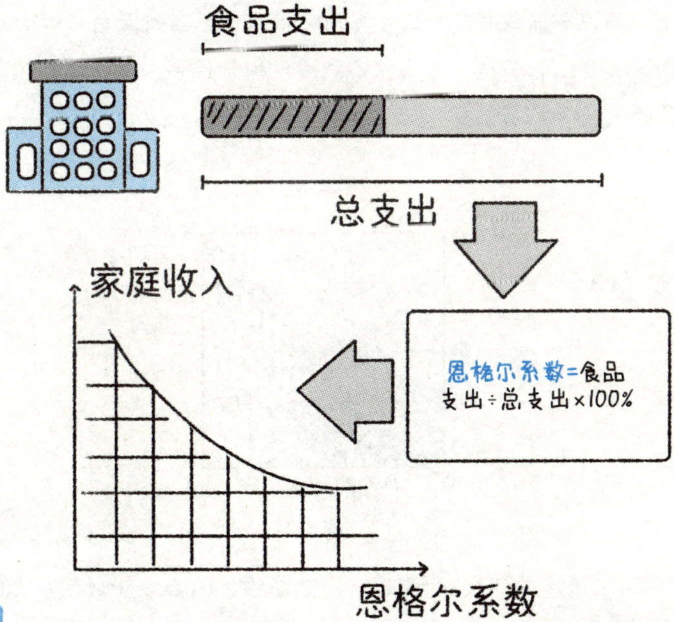

中国的恩格尔系数

在联合国提出的标准中，恩格尔系数大于60%为贫穷；在50%～60%为温饱；在40%～50%为小康；在30%～40%为相对富裕；在20%～30%为富足；在20%以下为极其富裕。

1978年以来，我国经济发展迅速，人民收入水平提高，用在食品等领域的花费减少，恩格尔系数下降：20世纪90年代初，我国恩格尔系数处于温饱水平；2016年，我国恩格尔系数已接近30%。

什么是洛伦兹曲线?

洛伦兹曲线指一个国家或地区内每个财富阶层所占社会总人口百分比的曲线。洛伦兹曲线图内横轴代表人口，纵轴代表总收入。

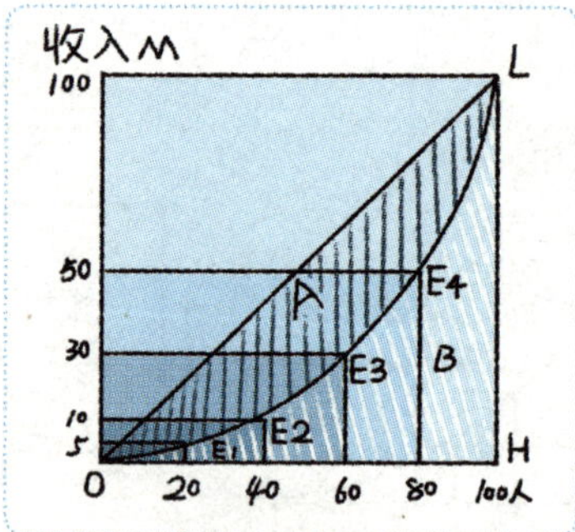

图4-1

图4-1所示的曲线OL便是洛伦兹曲线，E1点表示最底层20%的人口拥有社会总财富的5%；E2点表示底层40％的人口拥有社会总财

富的10%；E3点表示底层60%的人口拥有社会总财富的30%；而E4点则表示了上层20%的人口占据了社会上50%的财富。曲线OL越靠近直线OL（收入分配绝对平等直线），则代表贫富差距越小；当曲线OL与直线OL完全重合时，社会财富差距为零；曲线OL越远离直线OL，贫富差距越大。

什么是基尼系数?

在图4-1中，直线OL与曲线OL围成了一定的面积（区域A），而这个面积与三角形OLH（区域A+B）的比值就称为基尼系数。

通常，基尼系数为1时，曲线OL离直线OL最远，代表社会财富分配绝对不均匀；而当基尼系数为0时，曲线OL与直线OL重合，代表社会财富分配绝对平均，每个人的收入相同。

据联合国规定，基尼系数低于0.2，表示收入绝对平均；在0.2～0.3，表示收入比较平均；在0.3～0.4，表示相对合理；在0.4～0.5，表示收入差距较大；在0.5以上，表示收入差距悬殊。在国际标准中，0.4是警戒线，在0.4以下表示贫富差距正常，而当基尼系数大于0.4时，表示贫富差距过大。

贫富差距过大带来的问题

贫富差距过大会出现一系列问题，如社会总需求不足，影响社会经济的发展等。

假设某班有50名学生，老师分蛋糕，当每位学生分到3块蛋糕时几乎每人都能吃饱。如按成绩排名发放蛋糕，则排名前10名的学生每人能分到5块蛋糕，第11名到第30名的学生每人分到4块蛋糕，最后20名的学生每人只能拿到1块蛋糕。对于前10名的学生来说，3块蛋糕便能吃饱，却分到5块蛋糕。而倒数20名的学生要3块蛋糕才能吃饱，但是只分到了1块蛋糕。

实际也是如此。当社会财富集中在少数人手中时，少数人拥有大量的金钱和物质，而贫困者急需钱却没有钱，生活得不到保障。如此一来，贫富差距悬殊容易影响社会安定。然而实行平均主义，人们又会缺少奋斗的动力，以致影响社会经济发展。在上述例子中，如果老师每次发给所有学生的蛋糕数都一样，可能就不会对学生考试起到激励作用，导致学习积极性不高。由此看来，一个正常的社会，既要让全民共享发展成果、促进共同富裕，又要激励人们创造更多财富。

结语

恩格尔系数反映了人们的生活水平，而基尼系数反映了社会中的贫富差距。社会发展不应单纯追求经济发展与GDP（Gross Domestic Product，国内生产总值）的提升，分配问题同样很重要。

4. CPI与PPI
——影响消费者钱包大小的两大指数

面对物价上涨，人们往往有一种恐惧感，害怕自己手中的财富“缩水”，但其实，适度的物价上涨对我们并没有太大的影响，反而对经济发展是有好处的，可以在一定程度上刺激经济的发展。那么，如何衡量物价上涨的程度呢？本节将为大家介绍两个与物价有关的常见指标。

消费价格指数CPI

● 什么叫CPI？

CPI（Consumer Price Index，消费价格指数）是反映居民家庭一般所购买的消费品价格水平变动情况的宏观经济指标，通常用来衡量通货膨胀水平。通俗地说，在生活中，我们的吃穿用度价格经常上涨，其涨幅就可以用CPI衡量。

● CPI如何计算？

CPI在计算时需要统计一组在一段时间内具有代表性的消费品或服务的价格，并对比前期数据，从而得到一个新的数据。

计算CPI指标需要统计各种商品的变化数据，我们一般没有条件自行统计。在我国，每年的CPI指标都由国家统计局计算，计算过程十分繁杂、涉及数据庞大。据此，我们可以了解一下这个重要的指数大致是怎么算得的。选择一个普通家庭中最常见的一些支出，再选择一系列具有代表性的商品，如大米、猪肉、食盐、房租、水电等，按一定比例组成一个商品组合。然后计算这个商品组合每年的价格变动情况，例如，去年购买这个商品组合需要花1 000元，而一年之后同样购买这个商品组合却需要花1 050元，那么在这一年间CPI便上涨了5%①。

CPI包含的指标

在我国，CPI主要包含了8大类指标：食品、烟酒、服装、家庭设备及维修服务、医疗保健及个人用品、交通与通信、娱乐教育文化用品及服务和居住（房租、建房装修材料、水电燃料等）。在这8大类中，食品约占了30%，猪肉占比尤其巨大，所以食品价格的变动对CPI的影响很大，一旦猪肉价格出现大幅上涨，CPI就会有较大的变动。

CPI与通货膨胀

CPI没有把房屋售价的涨幅考虑在内，而只考虑了房租等其他方面的涨幅，所以，房屋售价的涨跌对CPI没有任何影响。于是就出现了过去几年房屋售价飞涨，但是CPI却维持在较稳水平的现象。

经济小贴士

① CPI=（一组固定商品按当期价格计算的价值÷一组固定商品按基期价格计算的价值）×100%。文中当期CPI=（1 050÷1 000）×100%=105%，设基期CPI为100%，则当期CPI上涨=105%－100%=5%。

CPI作为反映通货膨胀的一个重要指标（CPI指数上升，说明居民日常生活用品价格上涨，人们手中的钱越来越不值钱，在很大程度上反映了通货膨胀现象），往往影响着经济政策与货币政策的制定与实施。CPI涨幅过大说明通货膨胀加剧，因此，央行与相关管理部门通常需要采取货币政策与财政政策来抑制通货膨胀的加剧。由此可见，CPI的稳定对国民经济稳定发展具有重要意义。

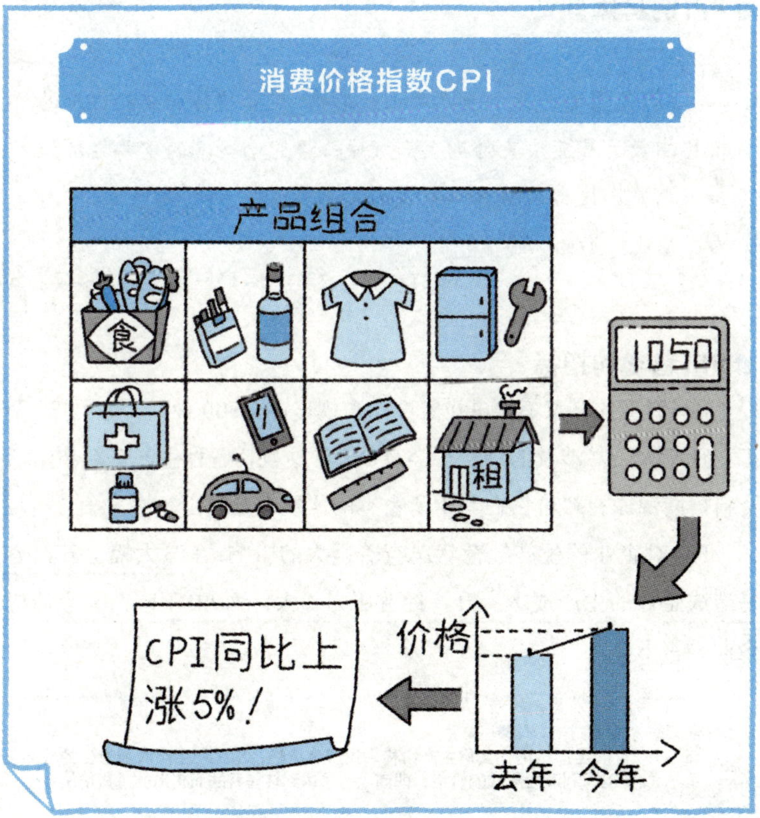

生产价格指数PPI

CPI反映了人们在生活中日常消费品物价水平的变化。当日常生活中商品价格上升或下降时，居民手中货币的购买力会随之发生变化。对企业来说也是如此，企业在生产过程中需要在各方面投入资金，如购买厂房、机器设备、原材料等物资，同时需要雇佣员工进行生产活动，而PPI（Producer Price Index，生产价格指数）便能反映生产者获得原材料的价格变动情况。

PPI的具体含义

PPI是衡量工业企业产品出厂价格[①]变动趋势和变动程度的价格指数，是反映某时期生产领域价格变动情况的重要经济指标，也是国民经济核算与相关经济政策制定的重要依据。PPI俗称国民经济的“体温计”。

PPI包含的指标

PPI调查的产品有4 000多种（含规格品9 500种），包含39个工业行业大类，涉及的调查种类有186个，包括各种生产资料和生活资料，能源原材料价格在其中所占有的比重十分突出。

PPI对企业的生产经营状况有着巨大的影响：PPI大幅上升，容易造成企业的生产成本上升，经营压力加大；而PPI下降，又会造成企业销售下降。

经济小贴士

① 出厂价格，又称生产价格、生产者价格，指工厂生产时所产生的成本，加上工厂利润后形成的价格，即商人为了达到转售目的而支出的进货价格。

生产价格指数PPI

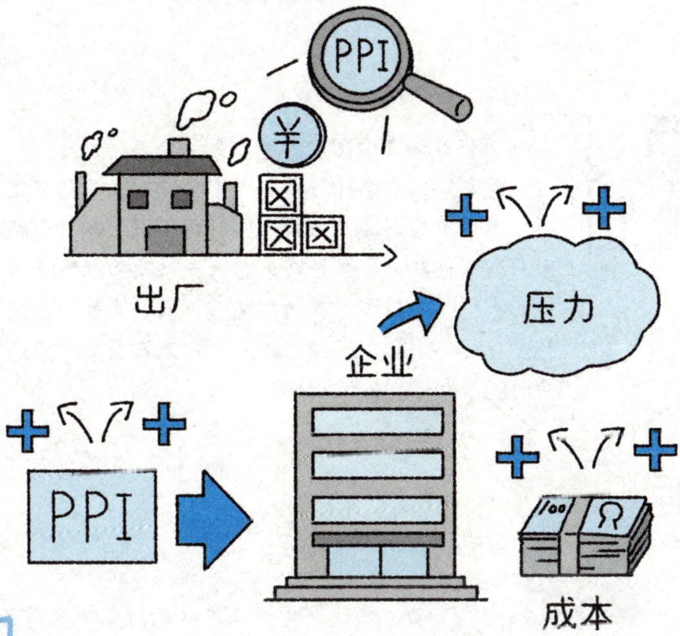

结语

CPI与PPI在某种程度上也有一定的联系：当PPI上升时，企业的生产成本上升，而生产成本的上升最终也会通过产业链的形式传递给消费者，最后消费者买到的商品价格也会上涨，CPI随之上升。

5. 替代效应与收入效应
——买什么？什么时候买？

人们在消费中面对各种物品，商品价格与个人收入是影响人们选择的重要因素。例如，人们买肉时，肉的价格下降，那么人们就会多买一些；价格上升，人们就会少买一些，选择一些其他商品来替代。人们收入越高，其通常能够购买的商品数量就越多。在经济学中，替代效应、收入效应与人们消费时的选择有着密不可分的关系。

替代效应

某一种商品价格变动，导致消费者在选择的过程中使该商品与其他商品之间发生了替代，称为替代效应。简单来说，替代效应是商品价格变动引起消费者消费行为的变化。

例如，如果商品A的价格下降，那么对于它可以替代的商品来说，选商品A更划算，于是人们就会增加对商品A的消费。

如果商品A的价格上升，那么与其他商品相比较，选其他商品更加划算，人们便会增加对其他商品的消费。

收入效应

收入效应是指由商品价格的变动而引起的消费者实际收入水平的变动。实际收入水平的变动会改变人们对商品的需求量。简单点说就是指在购买某种商品时，如果该商品的价格下降了，在一定程度上相当于人们更有钱了，能够买到更多的商品。实际收入的提高会改变消费者对商品的购买量，这就是收入效应。

替代效应与收入效应

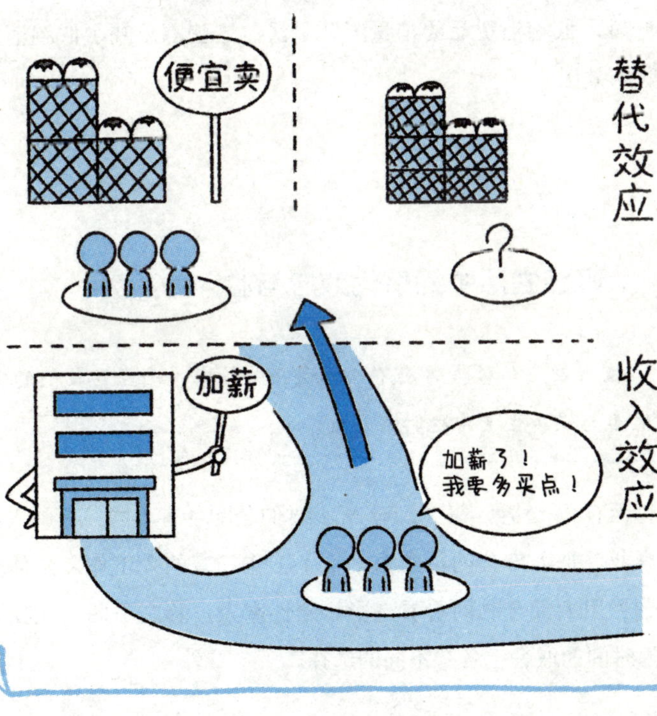

例如，一个人的日工资为100元，原来的苹果和梨同样是5元钱一个，当苹果价格上涨后，苹果10元一个，梨的价格仍旧是5元一个。那么，100元的工资就可以买到10个苹果或20个梨。由于替代效应，梨相对于苹果来说变得更便宜，于是人们会增加对梨的购买。而由于收入效应，苹果的价格上涨之后，相当于人们的收入减少了，因此人们会减少对苹果的消费。

在通常情况下，当收入上升时，人们对商品的购买力增加，这便是正收入效应，但是如果消费对象是劣等品，那么情况就正好相反了。人们赚到更多钱后会选择购买更好的商品，而放弃购买或者少购买劣等品。

例如，在工资上升之后，人们可能会选择少吃方便面，多吃一些更健康或纯天然食品。当人均收入逐渐提高，高端消费品牌的销量上升时，低端消费品的销量渐渐下滑，这些都反映了低端消费品的负收入效应。

上班族生活中的替代效应与收入效应

收入效应与替代效应不仅体现在购物中，而且在我们的工作生活与娱乐生活中也时常发生。

每天有24小时，每个人对24小时的分配各有不同。有的人选择忙于事业，把大部分的精力都献给了工作；有的人工作之余休闲娱乐，选择用大部分时间看看电影、陪伴家人。总之不同的人在工作与休闲时间的取舍上各有不同的选择。

时间是一种隐形成本，类似于经济学中的机会成本。如果1个人每工作1小时能产生20元的收益，那么选择不工作而花2小时去看电影，就意味着看这场电影的时间成本为40元。所以，在这个忙碌的社会，时间是所有人最稀缺的资源之一。如何在工作与休闲之间中找到平衡点是大多数人面临的问题。

当一个人单位时间收入上升，则意味着闲暇的时间成本增加，因而人们会减少闲暇时间，增加劳动时间。这体现了替代效应。

例如，在公司中，老板给出的加班薪资增加了许多，员工有了动力，会利用自己的休息时间来加班。同样，对一个企业家来说，其每天需要阅读大量的文件，接触许多客户。也许有时候他们会因为少看了一个文件而带来了几百万甚至上千万元的损失，在这种情况下，企业家的时间成本非常昂贵，以至于许多企业家几乎没有闲暇时间。

但是，当人们的单位时间收入上升到很高的水平时，人们付出更短时间就能获得与原来同等水平的工资，因此，人们又偏向于减少劳动时间。这体现了收入效应。

在欧洲、大洋洲的一些国家，社会福利制度完善，人均收入水平较高，所以人们愿意花更多的时间休闲放松，甚至有些人一年中会花好几个月的时间去度假。个体经营户与投资人士收入情况不稳定，有时1小时就能获得高额收入，于是一天中原本可以用来工作的时间都可能用来休闲。这些都是收入效应的体现。

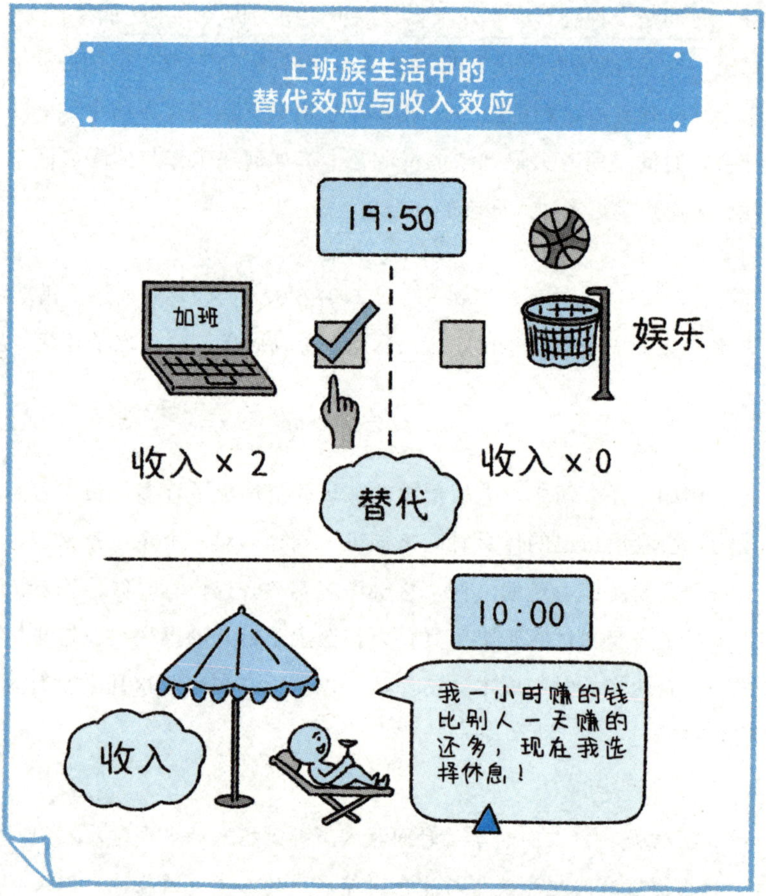

结语

收入效应与替代效应在我们的生活中十分常见，任何一种物品的价格发生了变动，相对来说，都可以看作人们的实际收入水平发生了变化，产生收入效应。收入的变动影响着人们对商品的选择，从而催生替代效应，两者共同影响着人们的消费行为。

6. 边际效用
——第一碗饭才好吃

网络上有这样一段话：美好是什么？美好就是第一口西瓜的沁甜，第一口泡面的酸爽，第一块蛋糕的香美……这段话并非网友随意编造的，经济学中有一种理论足以支撑。例如，当我们在夏天吃西瓜的时候，第一口效用最大，最能满足我们解渴的欲望。

什么是边际效用？

人们通常用效用来评判某种物品满足了人们多少需求；米饭满足人们充饥的需求；矿泉水满足人们解渴的需求；汽车满足人们出行的需求。

不只是具体的物品能满足人们的需求，就连一些虚拟化的事物如爱情、亲情、友情、认同感、荣誉感等也都能满足人们的需求。而在经济学中，效用就被用来表达个人在消费时所产生的满足感，也就是消费者在购买某项商品时所得到的满足程度。

边际效用则代表每增加1次某商品的消费所增加的满足感，即在其他条件不变的情况下，随着对某物品消费量的增加，消费者每多买1次所得到的满足程度。

边际效用递减法则

在通常情况下，随着消费者对某商品消费次数的增加，他就会认为消费体验不如上一次那么好。这种现象被人们称为“边际效用递减法则”，也称“边际效用递减规律”。

以米饭为例，当一个人肚子很饿时，第1碗米饭下肚，觉得很舒服、很满足，饥饿感消解了一大部分。第1碗米饭的效用最大是因为当时饥饿感最大。这碗饭给人带来的满足度就是边际量。

随后吃第2碗，仍然很满足，但这时候饥饿感没有吃第1碗时那么强烈了，所以满足感降低，也就是边际效用开始降低。直至吃到第3碗时，这时候饥饿感几乎消失了，米饭也不如原来那么香了。虽然一直在消除饥饿感，但是边际效用（满足感）在降低，感觉后面的米饭远不如第1碗好吃。假如吃了4碗吃饱了，再吃第5碗，不仅没有好处，反而会觉得反胃，这时候吃1碗米饭所带来的满足感就为零。这就是边际效用递减法则。

通过这个例子我们可以知道，当人们对某物品的消费次数越多时，总满足程度（总效用）越大，但是随着我们对此物品的消费次数越来越多，每1单位的增加对人们产生的效用却是递减的。

边际效用递减法则不仅可以用在商品上，还可以用于任何可以满足人们需求的事情上。

边际效用递减法则

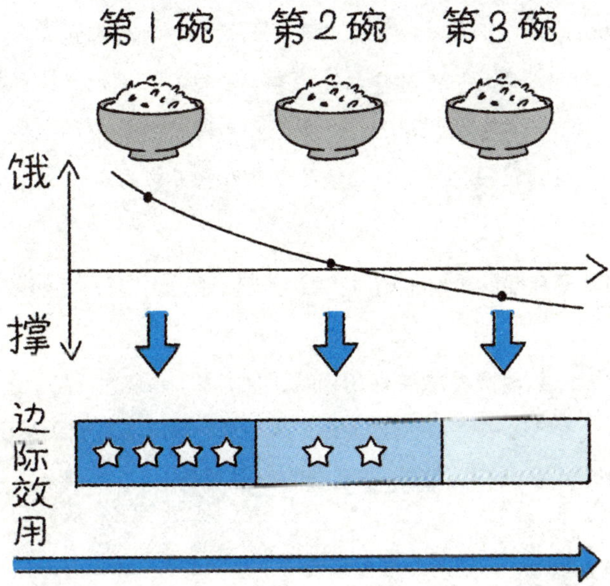

例如，一位居住在内陆的人从未去过海边，当他第1次去海边时，面对广阔无垠的大海心中无限感慨。可当后来他去了海滨城市定居，每年都会去几次海边，却再也没有第1次见到大海时的那种激动与感慨了，其满足感也可能会一次不如一次。

在生活中我们常说“新鲜感”3个字。例如，在做项目时，要让客户看到不一样的一面；在做学术时，要具备创新精神等让人保持有新鲜感的做法，都或多或少地体现了边际效应中的“第1次效用最大”规律。

如何实现效用最大化

消费者购买各种物品都希望实现效用的最大化，即最大化地满足其自身需求。人们的收入是有限的，但人们的欲望往往是无限的，人们总是想要购买更多的商品。于是在预算有限的前提下，人们只能有选择性地消费一些对自己来说比较重要的商品。有一句俗语说得好：钱要花在刀刃上。这句话中的"刀刃"就是指花同样多的钱能够产生最大效用的地方。

当苹果和梨的价格不同时，我们可以通过比较每1元的效用来进行选择。

例如，某消费者总共有10元钱，而苹果3元1个、梨2元1个，假如该消费者这时候特别想吃苹果，不太想吃梨。设定购买第1个苹果带来的效用为12分，第1个梨带来的效用为6分。

第1次购买

第1次购买苹果带来的每1元效用是4（12÷3）分，买梨带来的每1元效用是3（6÷2）分，苹果的效用比梨的效用高，很明显，该消费者应该先选择购买苹果。

第2次购买

依据边际效用递减原则，购买第2个苹果的效用会下降，设定降到10分，而由于没有买过梨，因此购买梨的时候边际效用不会下降。那么，此时每1元效用仍然是苹果的高（苹果10÷3＞梨6÷2），该消费者会继续买苹果。

第3次购买

该消费者已经买了2个苹果了，再买的时候效用降到6分，那么，该消费者再比较两者的每1元效用（苹果6÷3<梨6÷2），梨的效用反而高于苹果的效用，这时候该消费者会选择买1个梨。

第4次购买

最后梨的边际效用降到5分，这时候买梨的每1元边际效用高于买苹果的每1元边际效用（苹果6÷3<梨5÷2），该消费者当然会再次选择购买每1元效用较高的梨。

选梨还是选苹果?

效用	效用	比较每元效用	选择
12分	6分	12÷3>6÷2	
10分	6分	10÷3>6÷2	
6分	6分	6÷3<6÷2	
6分	5分	6÷3<5÷2	

该消费者总共买了2个苹果、2个梨，10元花完，获得了最大效用（第1个苹果12＋ 第2个苹果10＋第1个梨6 ＋ 第2个梨5.33）。

边际效用的影响因素有很多，如个人喜好、切合实际的需要等都能改变我们的选择，让我们在做出决策之前有一个科学的考量。

当然，在生活中，我们可不会花这么长的时间去做计算题，在大多数时候依据我们的直觉便能判断。

例如，同样花200元可以买到1支口红或5本书，为了实现效用最大化，需要约会的女孩会选择购买口红；而处在临考期的女孩会选择购买5本资料书。这便能说明我们在生活中时时刻刻都在尝试实现效用最大化。

结语

边际效用除了在经济学领域运用之外还能用于心理学等领域。边际效用递减法则能够解释为什么生活中人们的欲望虽多种多样，但对于某种事物的喜好和新鲜感会随着时间的流逝与使用次数的增多而丧失。在经济学中，厂商能够依据边际效用理论分析消费者的心理活动，从而改变或调整销售方式，取得更可观的收益。

第5章

时事热点经济学

市场、厂商、货币与消费属于偏理论层次的经济学，而更具有生活意义的经济现象往往来自你我打开电视的那一刻。房价上涨，大家关心楼市如何调控；共享单车，外国游客对中国人的共享单车大加赞赏……让我们来探讨一下时事热点中的经济学吧。

1. 一份令人欣喜的成绩单

在前面章节中，我们分别了解了市场经济学、厂商经济学、货币经济学与消费经济学，对一些学术的名词有了基本的了解。理论要服务于实践，基础性的经济常识结合时事热点又会发生怎样的奇妙反应呢？

正在腾飞的中国经济

宏观成果

中国经济的发展令世界瞩目，“亚洲基础设施投资银行”“人民币入篮”“中国制造”等这些耳熟能详的名词便是我国经济发展、国际地位提升的缩影。

身边物象

除了这些看上去非常宏观的成果以外，经济的繁荣发展也体现在我们的日常生活中。高铁、电子支付、共享单车、网络购物被推向新历史的舞台，新型的互联网式发展印证了我国在经济和科技发展方面取得的成果。

几十年前，人们还盼着过上“楼上楼下，电灯电话”的生活。

那时候“自行车、手表、缝纫机”被称为婚配嫁娶3大件，人们拥有这3样东西被看作是经济实力的象征。那时的万元户则被人们视作“万里挑一”的富豪。而经过几十年的经济发展，人们曾经期盼甚至不敢想象的生活都已一一实现了，人们的生活水平得到了极大提高。

世界第二大经济体

如今，中国已成为世界第二大经济体，经济总量世界占比涨幅巨大，1978年占比1.8%，2017年增长至14.8%；代表着居民生活水准的恩格尔系数大幅下跌，从60%跌至35%； 人均GDP从40年前的不到400元增长至近10 000元。中国经济正在以令世界震惊的速度不断前进。

“走出去”的中国经济

中国经济突飞猛进增长自然离不开在国际舞台上的发展。自从加入世界贸易组织之后，中国经济的发展就迈上了一个新的台阶，借助本国的资源以及地方优势，中国制造开始走向世界。世界上相当一部分服饰、家纺用品等都产自中国，中国在国际贸易中的地位不断提升。

而随着科学技术的发展，中国开始向世界输出高端产品。如今，中国在航空航天、高铁技术等领域已经达到世界领先水平。高铁运营里程世界第一，时速领跑世界，自主研发的“复兴号”远销海外；各品牌国产手机不仅在国内销量大幅上涨，而且某国产知名手机品牌的国外出货量常年位于世界前列；通信产品以及服务畅销欧美；各汽车大企业的产品远销海外；海外收购风潮正盛……这些都体现了中国的自主研发产品走向了世界。

“互联网＋”下的中国经济

要说中国经济，就不得不说说“互联网＋”[①]。中国经济的腾飞在一定程度上搭了互联网时代的便车，“互联网＋”成为经济转型升级的新引擎。

> 在短短的10年间，网上购物改变了超市零售；新媒体改变了传统媒体；智能手机改变了按键手机；共享经济改变了传统出租车行业……在互联网时代下，各行各业都向“互联网＋”靠拢。正是靠着这一驱动力，中国经济创造了一个又一个的奇迹。

说到奇迹，我们可曾想过身边最具代表性的“双十一”“双十二”“共享单车”会是外国人眼中的奇迹。这些都是在“互联网＋”下中国经济的创举。

经济小贴士

①“互联网＋”，指传统行业利用信息通信技术以及互联网平台，与互联网融合，创造新的发展生态。通俗地说，“互联网＋”就是“互联网＋各传统行业”。

“互联网+”下的新常态

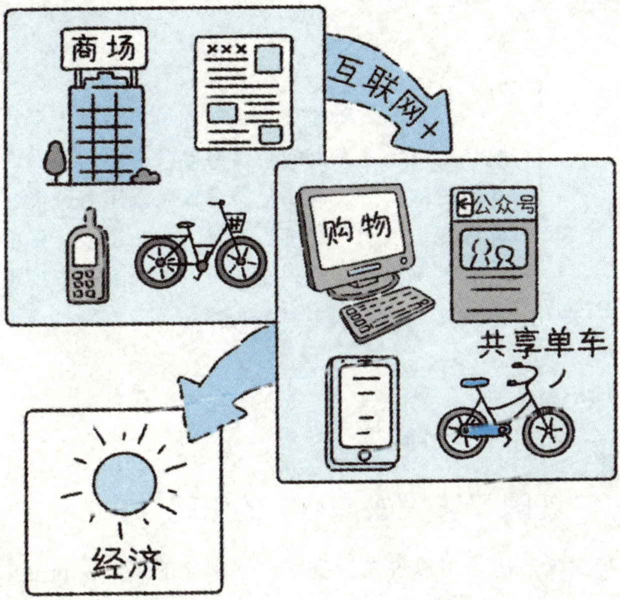

结语

如今我国在基础设施、电子商务等方面引领世界潮流，体现着综合国力的不断增强。我国经济已是当今经济学界研究的重点。本章将会介绍我国经济中的一些常见热点，帮助读者更好地学习、了解国民经济，了解我们生活的国家！

2. “四限”与“去库存”
——房地产市场排兵布阵

房价一直都是大众关注的重要话题，房价的涨跌牵动着每个家庭的心。许多家庭因为买房而背负了沉重的房贷。泡沫楼市导致民众压力过大，在某种程度上说明了经济的现状，如此看来，楼市调控压力不小。那么管理部门面对或虚高或不乐观的楼市采取了怎样的调控措施呢?

“四限”与“去库存”的出现

在我国，房子可以说是投资回报率很高的资产。自从1998年房地产市场开放以来，房价不断上涨。20世纪90年代，一些省会城市的房价也就是每平方米三五千元，到了如今，每平方米过万元。北京、上海、深圳等城市的房价已经到了望而却步的地步。为此，楼市调控不断加码，“四限”齐齐上阵，引起社会的广泛关注。

在大多数一二线城市中，楼市依然很火热。一二线城市人口众多，需求旺盛，造成房价过快上涨，因此，相关部门为了限制房价过快上涨，采取了各种措施。对于三四线城市及县级城市来说，楼市则相对冷清，大量的库存无法售出，因此化解房地产库存，成为经济社会发展的一大任务。

限制房价的“四瓶良药”

商品的价格由需求和供给决定。在短时间内房子的需求严重大于供给，房价便会大幅增长，于是新闻中就会出现“房价急涨”“排长队购房”“抢房”等相关报道。

想遏制房价过快上涨可不是那么简单的。土地是有限的，房子又不能在短时间内扩大供给，于是，管理部门便最先选择限制需求，就有了新闻中常听到的限购与限贷政策。

限购

房地产限购令，顾名思义指限制购买。在生活中，我们常听到的“某某城市每家每户只能购置1套商品房”“购买第2套房的首付比率为30%以上”等都属于限购政策。

限贷

限贷更为普遍，如控制贷款利率等；没缴纳足够年限社保的居民不得贷款买房等都属于限贷政策。

除了在需求端控制房价以外，管理部门也在供给端控制房价，如限价和限售就是如此。

限价

要求房地产商在楼盘开盘前进行价格申报，限制楼盘的最高价位等都属于限价。

限售

我们常听到的“新购住房5年内不得上市转让”“产权未满两年不得上市交易”等，都属于限售。

限售、限购、限贷与限价并称为“四限”，是控制市场上房价过快上涨的“4瓶良药”！

爱唱“反调”的房地产“去库存”

除了“四限”以外，还有一个房地产热词“去库存”，其出现的频率也很高。那什么是“去库存”呢？

通俗点说，“去库存”指的是减少库存，就是把没有卖出去的房子都卖出去。

从房价的“二八分化”中我们了解到，三四线城市中的大量人口向一二线城市转移，导致三四线城市的住房需求相对较低，造成楼市中大量库存积压，无法售出。“去库存”就是为了解决这一难题而提出的。

在2015年年底召开的一系列中央会议上，房地产“去库存”被多次提及，管理部门从多个方面开展了“去库存”的行动，如采取宽松的税费政策，包括减免购房时的各种税收，为居民购房减轻负担；提高贷款额度、延长贷款年限，一些没有足够经济能力的人也能够买到房；鼓励支持农民进城购房，扩大房地产的有效需求等。

“四限”与“去库存”

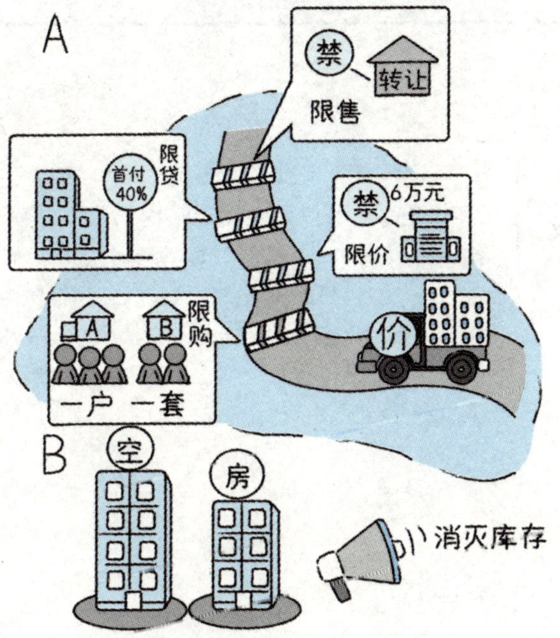

结语

无论是“四限”政策还是“去库存”措施，都是房地产市场合理发展的“有效良药”，能够为房地产的良性发展扫清障碍。各城市调控措施历来多种多样，但究其根本，归纳总结也不外乎这5种。在“四限”实施后，一二线城市房价疯涨的局面得到控制，各地楼市较稳定。除了这5种在楼市上解决居民住房问题的方法外，近两年管理部门在住房租赁上也下了功夫，如推出“租购同权”“大学生租房补贴”等政策，着力于解决低收入人群的租房问题。

3. SDR
——人民币的“纸黄金”之路顺利搭起

华盛顿时间2016年9月30日，国际货币基金组织宣布启用包括人民币在内的新的特别提款权（Special Drawing Right，SDR）新货币篮子，自2016年10月1日起，人民币将被认定为可自由使用的货币，并作为美元、欧元、日元、英镑之外第5种货币加入SDR货币篮子。那么，SDR是什么？人民币加入SDR又有怎样的作用和意义呢？

什么是SDR?

SDR即特别提款权，亦称“纸黄金”，实际上是一种储备货币①，和黄金、美元类似，都可以作为一国的外汇储备。

在布雷顿森林体系②瓦解之前，美元与黄金直接挂钩，其他货币与美元挂钩，世界上各个国家都以美元作为外汇储备，在需要购买外国商品进行跨境交易时使用美元。在 20 世纪 70 年代初期，美元

经济小贴士

① 储备货币，是中央银行准备长期持有的一种具有国际清偿力的货币，类似于一个国家发行的货币凭证。

② 布雷顿森林体系，1944年7月提出，是指以美元为中心的国际货币体系。

出现危机，美国政府宣布美元停止兑换黄金。美元失去了“霸主”地位，但它目前仍然是重要的国际货币之一。

布雷顿森林体系崩溃之后，各国和地区协商决定建立一个以 SDR 为储备货币的新货币体系，即不再单独以美元作为储备货币，而是由一系列主要国家的货币组成储备货币。

在人民币被纳入SDR之前，SDR货币篮子有美元、欧元、英镑、日元4种货币。

人民币加入SDR之路

IMF（International Monetary Fund，国际货币基金组织）执行董事会曾明确表示，SDR货币篮子的组成货币必须满足两个标准：第一是持有该货币的成员出口总量位居所有成员前列；第二是货币能够自由使用，即在国际交易支付以及主要的金融市场交易中被广泛使用。

我国作为世界第2大经济体，世界第1大贸易国，自然满足第一条件，而在 2010 年 SDR 评审时却被国际货币基金组织认定为未达到第2个标准。

2015 年我国再度提出人民币加入 SDR 的申请，国际货币基金组织工作人员认为人民币满足了可自由使用货币的要求。2015 年 10 月，人民币在贸易融资上已是全球第2大货币；在支付货币上，人民币是全球第4大货币，第6大国际银行间贷款货币；在外汇交易上，人民币排在第7位；在国际债券余额中排名第8位。为了冲刺SDR，我国做出了许多努力，如银行间债券市场、外汇市场对境外主权类机构开放与“8·11汇改”等。

人民币加入SDR的作用与意义

人民币加入SDR对中国的经济发展具有重大的意义。

❶ SDR货币通常被视为避险货币。人民币加入SDR将会增加在国际范围内对人民币的使用，增强人民币的国际信用并拓展其世界流通范围，有利于人民币的国际化。

❷ SDR将推动中国金融市场的改革、完善，促进人民币汇率市场化改革。

❸ SDR在一定程度上代表了国际货币基金组织和官方机构对人民币的认可，也是其对中国在世界经济中日益提升影响力的认可，更有利于增强国际市场对人民币的信心。

结语

SDR俗称货币篮子。人民币加入SDR意味着国际货币基金组织又多了一种官方储备货币。除了上述几种作用与意义外，人民币加入SDR还有许多好处，如方便中国的投资者投资国外市场，人民币资产持有者的资产缩水压力减小等。许多人对人民币加入SDR有一些误解，认为人民币加入SDR后，我们就可以在国外随意存取人民币。这种想法是不现实的。境外电子支付日益方便，信用卡、银行卡的境外使用阻力变小，但在国外随意存取人民币的想法由于一系列的因素还难以实现。

4. 共享单车
——骑行费用低就代表赔本？

2016年以来，共享单车在各大城市组成了密密麻麻的“彩虹阵”，如此大的供给量，耗费的成本自然不菲，可逢下雨天鲜有人骑车，逢天气太热的日子也鲜有人骑车。就算在骑车旺季，骑车的人数增加，可每骑半小时骑行费才1元左右。厂家真的能赚取利润吗？利润回收那么难，为什么还有那么多商家愿意投入呢？

有桩共享单车与无桩共享单车

共享单车具体是指在各大公共场合采取租赁形式提供的自行车共享服务。

我国的共享单车市场发展迅速，要想弄清其发展过程，我们还需要明白两个概念——有桩共享单车与无桩共享单车。

> 用户在使用有桩共享单车的过程中需要有固定的注册地点、停车车桩以及特定的支付设备。无桩共享单车是指没有固定注册地点，用户依靠互联网完成注册，使用时随停随取，支付依靠手机完成的一种比较自由的共享模式。

共享单车3阶段

我国共享单车的发展从有桩共享单车到无桩共享单车的普及共经历了3个阶段。

第1阶段

2007年～2010年为第1阶段，由国外兴起的公共单车模式被引进国内，由政府主导并分城市管理，公共单车多为有桩单车。

第2阶段

2010年以后，私人企业开始尝试单车分时租赁服务，尝试用市场化的办法运营共享单车。这可以说是共享单车发展的第2个阶段。前两个阶段共享单车都以有桩单车为主。

第3阶段

从2014年开始，共享单车进入一个新的发展阶段。以移动互联网为平台搭建的无桩共享单车出行平台开始盛行，表明共享单车发展进入第三个阶段。如今我们在市场上看到的摩拜单车等都属于无桩共享单车。

共享单车：实现资源的最优化配置

人们购买一件商品是想通过这件商品满足特定的需求，例如，人们购买雨伞是为了挡雨；购买自行车是为了短途出行。不管是雨伞还是自行车，其解决的都是人们低频次的需求。

如果不是每天需要骑自行车上班或上学，人们骑自行车出行的时间可能1周不到1次或者频次更低。于是，单车存在大量的闲置时间，在一定程度上就等同于资源浪费。

共享单车不存在这样的问题。假设我每周使用1次共享单车，不使用时单车停放在路边会有别人来使用，解决了资源浪费问题，实现了资源的优化配置。

共享单车真的是亏本买卖吗?

有人说共享单车自普及以来每天都有损坏的可能，收取的骑行费又少得可怜，如果不是出于环保的目的，还真是个赔钱买卖！然而事实真是如此吗?

骑行费收益

目前共享单车最主要、最直接的盈利模式是收取骑行费用。大多数共享单车的使用费用都是半小时1元，如果按照1辆车1 000元的成本计算，寿命3年，那么1辆自行车每天的运营成本不过是几毛钱。只要平均每天能够超过1个人用车，那么产生的收入就能覆盖单车的原材料成本（除了车辆的成本之外，还有大量的运营管理成本）。

押金可用于投资

更重要的是，在使用共享单车时，每个人需要缴纳一定的押金。以摩拜单车为例，在使用前需要缴纳299元的押金，假设摩拜单车有1 000万人交纳押金，那么便能产生30亿元的现金流，相当于企业拿到了一笔30亿元的无息贷款。这部分贷款如果用于投资，按每年10%的收益率来算，一年也可以产生3亿元的利润。

互联网式数据营销

而作为互联网公司最常见的一种运营模式便是先圈用户。当一个产品的用户数到达一定规模后，便能够产生新的盈利模式，开发新的业务。

例如，腾讯在早期创立时被大多数人认为是一个公益项目，没有盈利的可能。随着QQ用户量逐渐增多，腾讯开始慢慢向游戏和娱乐方向发展。当腾讯产品的影响力越来越大时，它可以为其他商品做营销，涉及新闻影视娱乐等诸多行业。

共享单车亦是如此，当共享单车的用户数达到一定规模后，后台会产生大量出行数据，用户每天出行骑车经过的地方、商铺等这些信息都可以被记录下来，而由此就可以利用大数据实现精准营销。

共享单车更多的价值与盈利模式还有待发掘。共享单车的普及让我们更深切地体会到共享型经济的妙处。在共享型经济中，人们公平享有某种社会资源，各自以不同的方式付出，共同获得经济红利。在互联网技术高速发展的时代，共享型经济的诞生有其必然因素，人们的创新意识与科技头脑是推动其充分发展的精神良药。经济创新需要共享型经济，共享单车的风靡是共享型经济向好的充分证据。

结语

共享单车的意义不仅在于其经济价值，最重要的还在于它将环保与科技相结合，既是城市环保的绿色动脉，又因技术超前而使得万众瞩目。在互联网时代，人们对共享单车的新鲜感虽会淡去，但它的使用价值是超长期的，其所具有的科技硬实力可视为交通创新的重要力量。

5. 跨境电商
——海购平台增多，消费者购物更便捷

现如今，涉及跨境交易的购物APP越来越多，消费者在国内想买到物美价廉的进口商品，只需要打开智能手机轻轻一点便能下单，心仪的商品不过三五天就会从世界的另一边送家中。消费者不用操心怎么买进口货，只是跨境电商平台太多，消费者在平台选择上犯了难。

“互联网＋”行动计划被提出后的几年中，“互联网＋”概念的公司如定位于出行领域的网约车企业、定位于O2O（线上线下结合）领域的生活服务团购APP、定位于二手车市场的购车APP、定位于旅游市场的旅游APP等如雨后春笋般涌现。在“互联网＋”模式中，行业借助互联网的普及整合线上与线下的产业成为潮流。跨境电商这一行业也正是在“互联网＋”的大潮之下蓬勃发展起来的。

什么是跨境电商?

随着无线网络与智能手机的普及、留学人士的增多，以及我国与国际间的商业互通，网民的视野飞出国门，对国外商品的需求日

益增加。同时，国内商业大楼中的国际品牌柜台与店面越来越多，但国内柜台的国际商品价格由于关税、租金等缘故总是较原生产地区的贵一些，想要买到物美价廉的进口商品还真需要动动脑筋。跨境电商的出现便能解决这一难题。

跨境电子商务准确的定义是不同国家和区域的交易方通过电子商务平台进行交易，而后通过跨境物流送达商品完成交易的一种具有国际性的商业活动。

与传统的进出口不同，跨境电商以互联网平台为基础进行交易，一般由国外代理和国内代理互联，实现交易。国内比较流行的跨境电商平台有天猫、京东、聚美优品、网易考拉等。它们比较偏向于建设“海外仓”，公司合法地在海外购买并囤购货物，再向国内销售。

跨境电商为什么会流行?

互联网助力与居民消费水平提高

随着“互联网 +”时代来临，跨境电商乘着“互联网 +”的东风站到了资本市场的舞台中央。随着经济的发展，居民消费水平提高，他们更愿意去了解和购买海外商品。

消费者期待正规、合法化跨境电商的普及

随着海外留学、经商、旅游的兴起，海外代购成为潮流。在我国掌握外语的人越来越多、人们生活水平提高等一系列因素的促使

下，“海淘族”[①]越来越多。不过无论是海淘还是代购，都不是十分正规的购物模式，消费者对于产品的安全与真假难以鉴别，因而人们期待着正规、合法的跨境电商方式的普及。

跨境电商打通买卖双方的沟通渠道

在传统的零售模式下，海外品牌在我国开辟宣传领域没有本土代理是不行的，而本土代理通常代理渠道长，一个商品往往要经过多次流转才能到达消费者手中，因而造成终端销售价格的虚高。而跨境电商打通了卖家与买家之间的渠道，不需要流转，可以一一对应，对降低商品价格有巨大的推动作用，相比传统模式具有明显优势。

海关文书的推出

2014年，伴随海关56号文[②]和57号文[③]的推出，我们发现相关管理层已经认可了跨境电商的模式，中国正式进入跨境电商的爆发和快速增长期。2016年，跨境电商发布新政，财政部等发布税改，“正面清单”[④]发布，跨境电商开始变革。

经济小贴士

① 海淘族，喜欢研究海外购物渠道、打折信息，购买海外商品的群体。

② 2014年海关56号文，指《海关总署公告2014年第56号（关于跨境贸易电子商务进出境货物、物品有关监管事宜的公告）》，公告中对跨境电子商务行业入行要求及监管方面进行指示，后被《海关总署公告2016年第26号（关于跨境电子商务零售进出口商品有关监管事宜的公告）》替代。

③ 2014年海关57号文，指《海关总署公告2014年第57号（关于增列海关监管方式代码的公告）》，公告指出，为促进跨境贸易电子商务进出口业务发展，方便企业通关，规范海关管理，实施海关统计，决定增列海关监管方式代码。

④ 正面清单，是指政府允许的市场准入主体、范围、领域等均以清单方式列明。

跨境电商的主要障碍

跨境电商的发展是一帆风顺的吗？在其风靡期间，是否面临过一些障碍呢？

虽然跨境电商在近年来的发展势如破竹，但是它在发展过程中仍然遇到了一些屏障与困难。

海外供应链信息整合

对于跨境电商平台来说，其备货需要提前了解消费者的需求，但顾客一般单次购买的数量较少，海外供应方备货比较“头疼”。提前存储又难以确定该进购多少，买回国了又不确定会不会有人要；接到订单再采购，时间过长，又容易影响客户体验，因此，对于电商来说，海外供应商供应链的信息整合是至关重要的。

商品的品质

国内外耳熟能详的一些品牌，因为受众较多，使国内的一些牟利者生产一些假冒伪劣的高仿产品，代理商和进口商为了逐利也将假冒的产品卖给消费者，因此，对于跨境电商平台来说，如何做好商品质量的把控也是一大难题。

结语

虽然跨境电商仍面临着一定的困难，但总体趋势向好。如今，市场上海购平台越来越多，但平台若想在这一新兴的行业中立于不败之地，还需要将消费者的利益与安全置于首位。

第6章 国际贸易经济学

在经济全球化的今天，没有与世隔绝的孤岛。我们观摩经济学的"放大镜"在此处换成游历各经济体的"望远镜"。近百年来，国际贸易全面发展，诞生了许许多多的区域经济合作组织，为经济全球化、世界发展献力。

1. 世界经济总体趋势向好

如果有时光机可以带我们回到 20 世纪 70 年代的北京，我们会发现和我们同龄的小伙伴们不知道肯德基是什么（肯德基 1987 年在北京开设第一家店）。而在地球的另一端，美国的小伙伴们也不知道煎饼果子是什么，不知道北京烤鸭吃起来是什么味道。

全球化——国际经济的推动力

在20世纪70年代～80年代，互联网不发达，世界贸易不畅通，要想品尝到地球另一端的美味，人们得走出国门才行。反观现在，我们可以在国内就能吃到肯德基，国外的许多超市也在售卖北京烤鸭。

在相互依赖的全球化经济中，生活中一台常见的苹果手机由美国设计，而手机内的零部件则由分布在世界各地的200多家供应商提供，成品组装也在世界各地进行。这就是我们生活的世界。

在生活中，我们衣食住行所接触到的物品都不断地趋向全球化，消费者消费的商品不再限于本国生产，生产者生产的某种产品的零部件也可能来自世界各地。经济全球化的发展使跨境贸易壁垒不断降低，国际经济合作更加便捷。

国际组织——国际经济监管者

由于全球化的推动，买卖双方之间的贸易活动跨越国界，许多大型的商业活动不再仅限于一国之内，由此产生了许多问题。例如，各国有各国的法律，你不能制约我，我也不能制裁你。对于庞大的全球市场，维持监管不是一个人或一个国家所能主导的。于是，在这个基础上，大型跨国机构应运而生。

全球市场的创立和维持离不开几个重要机构，这些机构包括被誉为经济联合国的关税及贸易总协定（General Agreement on Tariffs and Trade，简称GATT），以及其后继者世界贸易组织（World Trade Organization，简称WTO），管理货币的国际货币基金组织（International Monetary Fund，简称IMF）及其兄弟机构世界银行（World Bank，简称WB），当然还有维持世界和平的联合国（United Nations，简称UN）。

这些机构是在特定历史条件下产生的，其作用则体现在相互谈判制定的国际条款中。

国际贸易——全球化的驱动者

著名经济学家曼昆在他的著作《经济学原理》中提出了十大

人物介绍 格里高利·曼昆

格里高利·曼昆，1958年2月3日出生，美国著名经济学家，29岁成为哈佛大学历史上最年轻的终身教授之一，2003年走入政坛，著有《经济学原理》《宏观经济学》等经典教材。

经济学原理，其中有“贸易能使每个人状况更好”这一原理。这个原理同样适用于国家和地区层面，各国各地区可以根据各自特有的

在经济学中，生产者向国外消费者出口货物或服务时进行的活动被称为国际贸易。在国际贸易范畴内，“出口”指国内的货物或技术输出到国外的贸易行为；“进口”反之。

贸易提升整体经济效益

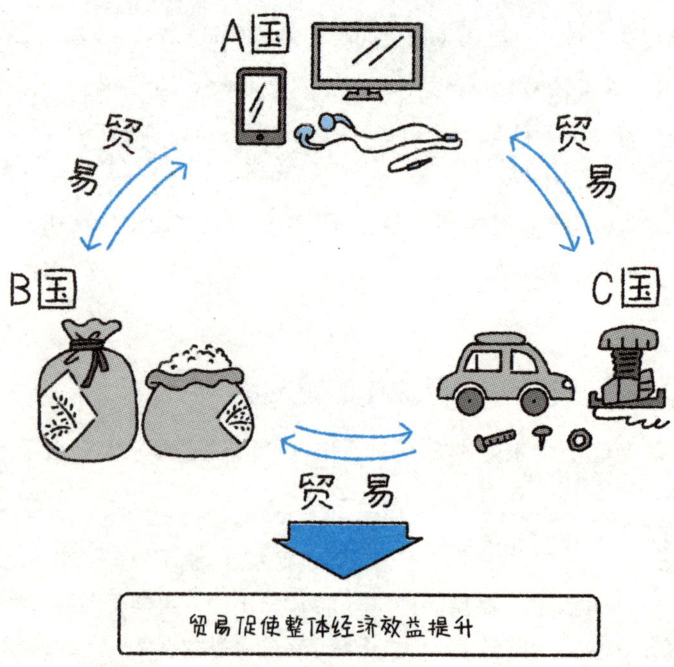

优点，最有效率地生产产品。贸易交换其他产品，使得整体经济效益得到最大化。

国际贸易不单指货物交易，其中也涉及服务、技术等交易。21世纪以来，中国制造、中国创造逐渐被国际认可，中国也开始对外出口相关技术，其中最为我们熟知的就是高铁技术。

虽然国际贸易能使世界经济总体趋势向好，但是许多国家考虑到依赖国际贸易可能会阻碍国内贸易的发展，于是在国际贸易往来中诞生了“贸易壁垒”。贸易壁垒分为关税壁垒和非关税壁垒。关税壁垒表现在进口产品进入某国时要交很高的关税。这也是进口产品总会贵一些的原因。非关税壁垒中常对进口产品的质量、规格、技术指标等有特殊规定。

结语

在全球化的浪潮中，国际间的交往能促进各国各地区经济的发展；国际组织维持全球化的进程；国际贸易量随着各国各地区交往的日益加深。全球化与世界经济是我们在经济学中不得不说的话题之一，那么在经济常识中，有哪些词条是我们要了解的呢？接下来的这一章就让我们一起来聊聊国际贸易间的经济学！

2. 欧盟
——用一种声音说话

欧盟是区域合作的典范，全球化的重要动力，在世界经济中起着举足轻重的作用。2016年6月23日，英国举行脱欧公投，将欧盟推向媒体报道的热点。如今热点已过，但欧盟的区域协作模式与其存在意义仍旧值得我们细细了解。那么接下来让我们一起走进欧盟的“前世今生”。

欧盟的“今生”

2014年，北爱尔兰的一户人家为了庆祝欧洲球队的胜利，在家门外挂了欧盟的“蓝天金星旗”，结果却被当成了恐怖组织引发警察出动。这虽然是个乌龙事件，但充分体现了欧盟在欧洲人民心中的地位，但在2016年英国公投脱欧后，又有“欧盟某国家意欲脱欧”的相关新闻层出不穷。欧盟这个“实际年龄只有20多岁的青年小伙儿”在一顿闹腾下，俨然一个“年迈的老者”，饱经沧桑。无论是“青年”还是“老者”，不可否认的是，欧盟在国际市场中仍有着举足轻重的地位。

欧盟是“欧洲联盟”的简称，成立于1993年，是一个有着28个成员（2017年1月，中国外交部官网公示数据）的政治和经济共同体。

欧盟创始成员有法国、德国、意大利、荷兰、比利时和卢森堡，随后丹麦、爱尔兰、英国、希腊、葡萄牙等国先后加入欧盟，如今欧盟的成员几乎覆盖整个欧洲大陆。

欧盟的旗帜是“蓝天金星旗”，会旗底色为深蓝色，上有12颗金黄色的星星围成的一个圆环，象征欧洲民族的团结统一。

“多元一体”是欧盟的铭言，旨在希望欧盟能够在尊重多样性的前提下对世界用一种声音说话，强化欧洲国家的话语权。

欧元是欧盟的官方货币，于2002年1月1日正式启用。原则上，欧盟成员统一用欧元作为交易货币，但是仍有部分国家用本土货币。

欧盟作为一个政治经济共同体，其组织机构也较为完整，包括欧洲理事会、欧盟理事会、欧盟委员会、欧洲议会、欧洲法院等。

其中，欧盟理事会是欧盟的立法与政策制定、协调机构，为联盟内部建设和对外关系制定大政方针。就像公司里的董事会一样，董事们会定期针对公司的发展制定相应的决策，具有最大的决策权。

欧盟委员会则是欧盟的常设执行机构，负责实施欧盟理事会所做出的决定并管理欧盟的日常事务。就像公司里的总经理一样，执行董事会的决定，并且定期向董事层汇报执行情况，同时，对于不需要董事层参与的日常事务进行处理。

欧盟的“前世”

正如谚语“罗马并非一日建成”所言，欧盟在成立前也经历了

40多年的积累。早在1951年，法国、西德、意大利、荷兰、比利时和卢森堡6国在巴黎签署关于建立欧洲煤钢共同体的条约（又称《巴黎条约》），1952年7月23日生效。

1957年，这6国在罗马签署旨在建立欧洲经济共同体和欧洲原子能共同体的《罗马条约》，次年欧洲经济共同体和欧洲原子能共同体成立。1965年，6国又在布鲁塞尔签订了《布鲁塞尔条约》，决定将欧洲煤钢共同体、欧洲经济共同体和欧洲原子能共同体合并，统称“欧洲共同体”。这便是欧盟的前身。

在后来的20多年里，英国、丹麦、爱尔兰等多个国家先后加入欧洲共同体。在1993年的11月1日，为满足内外发展的需要，欧洲共同体发展为欧洲联盟，简称欧盟。

欧盟正式成立后，成员不断增加，到今天为止欧盟成员共有28个。

欧盟和其他国际组织的不同

除了欧盟以外，还有北美自由贸易区、东盟等国际经济组织，听上去好像都是指在同一地理区域的国家和地区组成的区域经济组织，实际上这几者之间还是有区别的。

区域经济一体化有4种重要的形式，即自由贸易区、关税同盟、共同市场和经济联盟。

自由贸易区

自由贸易区是指在各成员内取消关税，商品可以自由流动。

关税同盟

关税同盟是指在自由贸易区的基础上，不仅对内实行减免关税、商品自由流动政策，还要对外实行统一的关税和贸易政策。

共同市场

共同市场则要比关税同盟更进一步，还要实现服务、资本和劳动力在区域内的自由流动。

经济联盟

经济联盟不仅要求成员之间商品、劳动和资本自由流动，对外关税和贸易政策一致，还要求成员之间的经济政策相互协调，甚至建立一些超国家的经济调节机构进行管理，各国和地区部分的经济权力也会进行一定程度的让渡。

> 北美自由贸易区仅作为自贸区，是区域经济一体化的最低形式。相比之下，欧盟则是区域经济一体化的最高形式，即经济联盟。与同为经济联盟的东盟相比，欧盟同时又是政治共同体，其权利范围更大。欧盟肩负着促进区域经济发展的使命和国际地位提高的责任，在国际大舞台上起着自己独特的作用。

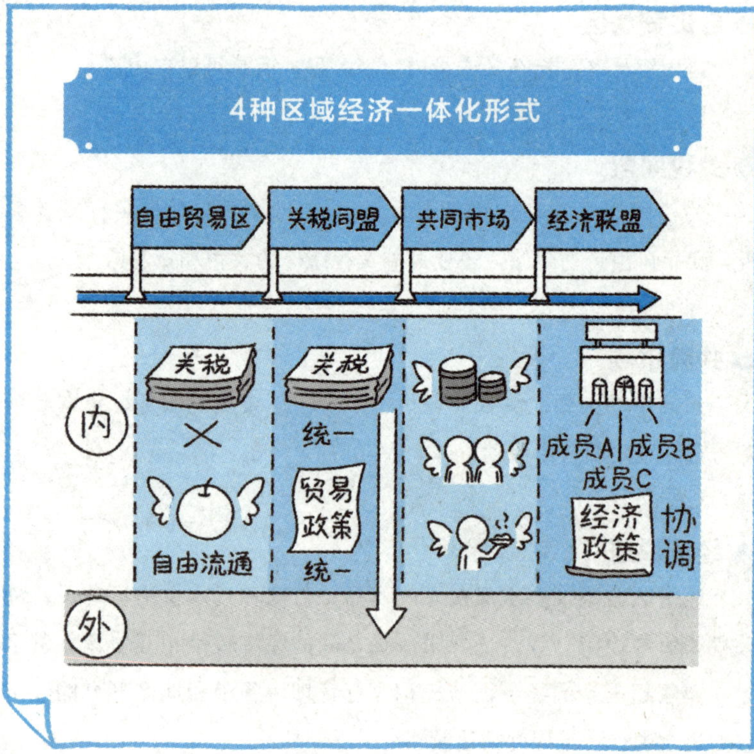

结语

欧盟对于世界组织的一体化有着重大的借鉴意义。它虽属于国际组织，但内部结构完整，除了具有一般的管理部门外，还有属于自己的法院、中央银行、投资银行、统计局和审计院等机构，并具有完整的语言体系，官方语言多达24种。

3. 世界贸易组织
——关心各经济体的“媒人”

2001年12月11日对我国来说是一个重要的日子：中国代表团经过15年的艰辛谈判，终于在这一天成功加入世界贸易组织，成为这个“经济联合国”的一员。作为一个中国人不禁会有这样的疑问：世界贸易组织有怎样的魔力会让我国用15年的时间和巨大的精力去加入？

经济联合国

世界贸易组织（World Trade Organization，简称WTO）顾名思义是一个致力于国际贸易稳定、促进国际经济繁荣的全球性组织，于1994年4月15日正式成立，其总部设立在瑞士日内瓦。

全球已知的近200个国家和地区中已经有164个成员（截至2016年7月29日阿富汗加入WTO）加入这一组织，是当今最重要的国际经济组织之一，被称为“经济联合国”。

既然有这么多成员，其内部成员的经济状况就难免有些参差不齐，但无论各国各地区经济发展水平如何，世界贸易组织都给予同等的尊重和肯定，每一个成员都可以在这个组织内发表自己的感言。

世界贸易组织拥有明确有效的组织结构。其最高决策机构为部长级会议，由成员主管对外经贸的部长、副部长级官员或其全权代表组成，一般每两年举行一次会议，共同讨论和决定世贸组织的重大事项或一些问题，并采取行动。

WTO还设有总理事会、各专门委员会和秘书处3个组织机构。值得一提的是，秘书处这一部门是组织日常活动的实际执行者。部长级会议任命总干事，然后由总干事领导秘书处，完成部长级会议定下的任务。

世贸组织的前身

世贸组织的建立最早要追溯到1929年世界经济危机的爆发。

1929年，一些发达国家和地区经济飞速倒退，民不聊生。面对如此严峻的经济形势，各国和地区都寄希望于刺激生产以缓解紧张局面，于是纷纷放弃传统的自由贸易政策，采取鼓励出口、严控进口的方式加大国内的生产，最大限度地保护自己的利益。

等到经济缓和、危机解除之后，这些国家和地区尝试通过一些新的方式来提高收益，贸易的全球化分工无疑是个好办法。于是，在1947年，以美国为首的23个国家和地区在日内瓦签署了《关税及贸易总协定》（简称“关贸总协定”），目的在于降低关税，减少贸易壁垒，推动国际贸易自由化。

关贸总协定自实施以来，通过多次多边谈判，缔约方间的关税有明显的削减，世界贸易额获得了前所未有的增长。

可是关贸总协定毕竟只是一个多国协定，面对爆发的贸易纷争，缺少组织所能赋予的约束力。于是，在1994年4月15日，关贸总协定乌拉圭回合部长级会议决定成立更具全球性的世界贸易组织，以取代成立于1947年的关贸总协定。通过这一常设组织来约束、管理各成员之间的贸易问题，世界贸易组织也因此成立。

世界贸易组织的职能与原则

那么世界贸易组织的职能与原则又是什么呢？

与联合国致力于世界和平安定一样，世界贸易组织致力于国际经济的繁荣发展，努力建立一个完整的、具有活力的贸易体制，使国际经济能够稳定发展。

既然是“组织”，那么组织内解决争端采用的就应是谈判的方式。

谈判不能无基础、无目的，所以，世贸组织制定了一些基本原则，各成员在遵循原则的基础上进行谈判。我们常听到的互惠原则就是世贸组织最为重要的原则之一，指组织内的成员相互给予对方优惠待遇的原则。除此之外，透明度原则、市场准入原则、非歧视性原则等都是世贸组织中十分重要的原则。

透明度原则是指WTO成员需要对贸易政策、措施、贸易变更以及参与的重大国际协定等进行公开，并通知世界贸易组织方。

市场准入原则在降低关税与减少贸易壁垒上下功夫，内容包括关税保护与减让，取消数量限制等。

非歧视性原则是指成员之间进行贸易活动时不得存在歧视，优惠政策同等，给予某成员的优惠也需要给予其他成员。

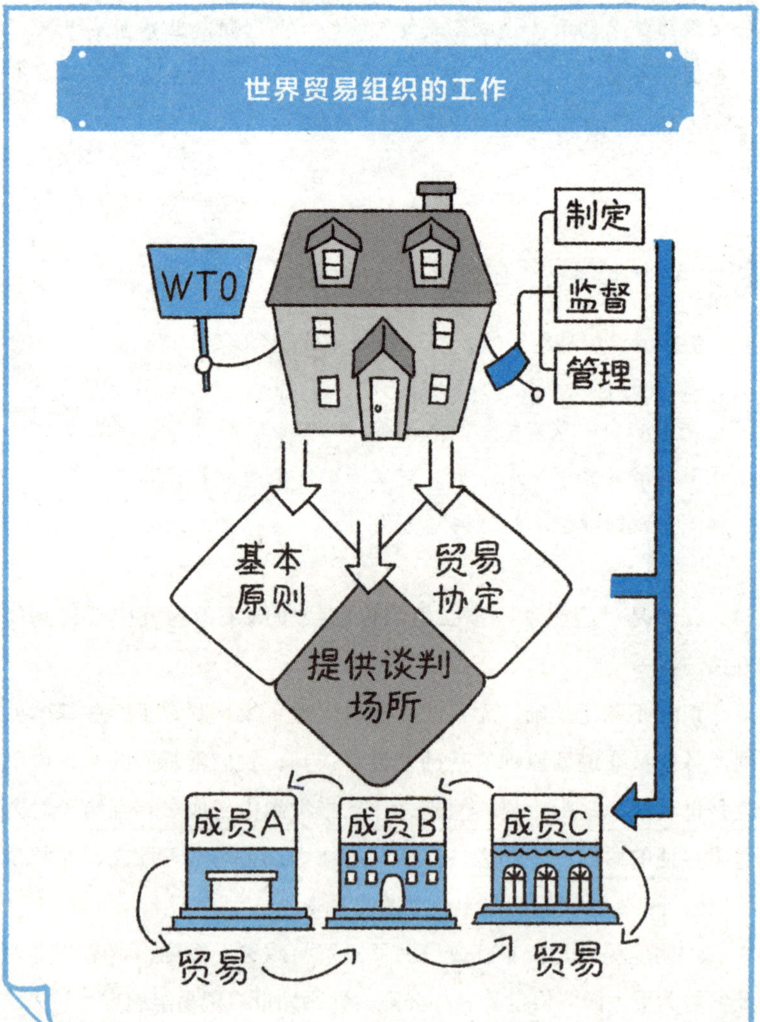

世贸组织除了制定基本原则外，还有一个重要职能就是制定、监督、管理和执行在世界贸易组织内签订的各项多边贸易协定。光制定原则也没有用，还要加强各方的联系。

简而言之，世界贸易组织扮演了一个“媒人”的角色，不断拉近各成员之间的贸易联系，为各成员就贸易问题进行协商提供场所，以更有效地赢取利益最大化。

我国在加入世贸组织之后，通过世贸组织降低了关税，促进了与组织内各成员的贸易往来。

结语

世界贸易组织作为著名的经济组织之一，其影响力覆盖全球各个角落，组织成员数量居同类合作组织前列，致力于制定、监督、管理和执行多边贸易协定。需要注意的是，世界贸易组织的官方语言为英语、法语和西班牙语。这3种语言的法律文件为正式文本，具有法律效力，其他译本仅供参考，不具有法律效力。

4. 国际货币基金组织与世界银行
——“同胞兄弟”成长史

国际货币基金组织（IMF）对我们来说比较陌生，不如世界贸易组织（WTO）那样耳熟能详。第一次听到国际货币基金组织和世界银行这两个词时，很可能把两者混为一谈，甚至会把世界贸易组织也混淆进来。它们之间确实有着不可分割的联系，但其在职能上却大相径庭。接下来，就让我们详细了解一下国际货币基金组织与世界银行。

国际货币基金组织与世界银行的成立背景

说到国际货币基金组织（International Monetary Fund，简称IMF）和世界银行（World Bank，简称WB）的成立背景，我们就不得不谈到对世界经济史有着重要影响的《布雷顿森林协议》。

1939年～1945年前后，国际货币体系随着不同的阵线联盟分裂成了一些互相竞争的货币集团，主要有以英国、美国、法国为中心的3大货币集团。1944年前后，英、美两国为了确立国际地位各自开始构思和设计国际货币体系，通过提出经济复苏计划意欲设立国际性的金融组织。

然而，1939年～1945年前后美国的经济实力迅猛发展，英国处于这个时期主战场内部，实力大受损伤。战争结束后，美国成了当时经济实力最雄厚的国家，因此，在建立国际货币体系的过程中，美国提出的“怀特计划”①得到了认可。

1944 年 7 月，布雷顿森林会议在美国召开，布雷顿森林体系建立。该体系的核心是建立以黄金为基础，以美元为主要国际储备货币的货币体系。此时，美元与黄金挂钩，各国和地区货币则与美元挂钩。也就是说，各国各地区货币在进行国际结算时，按照含金量直接与美元确定固定比价，汇率则通过与美元进行比价而获得。

更主要的是“布雷顿森林体系”在协议中确定建立了国际货币基金组织和世界银行，其中，前者致力于保持国际货币体系的稳定，可以为成员提供短期资金借贷；后者则可以为成员提供中长期的贷款。

让人难以区分的“两兄弟”

国际货币基金组织和世界银行常常让我们难以区分，毕竟两者都是在《布雷顿森林协议》下诞生的国际经济组织，共同诞生于 1945 年 12 月 27 日，并称为世界两大金融机构，与世界贸易组织一起构成国际经济体制中的3大顶梁柱。

经济小贴士

① 怀特计划，是美国前财政部长助理哈里 · 怀特提出的“联合国平准基金计划”，希望由美国控制“联合国平准基金”，通过“基金”使会员国的货币“钉住”美元。该计划还立足于取消外汇管制及各国和地区对国际资金转移的限制。

国际货币基金组织

国际货币基金组织的职责是监察货币汇率与各国和各地区的贸易情况，为组织成员提供技术和资金支持，确保全球金融制度运作正常；其主要任务是稳定国际汇率，并消除妨碍世界贸易的外汇管制；其存在的目的是促进国际货币合作，将各国各地区货币进行联通。

我国人民用人民币购物时，大洋彼岸的美国人则是用美元购物，我们与美国商人进行贸易结算时就存在一个问题：是统一给美元还是给人民币，给多少？国际货币基金组织就是帮助解决这一问题的，使人民币通过一定的汇率汇兑成美元可以进行国际贸易的结算。

世界银行

国际货币基金组织的“兄弟”——世界银行，是世界银行集团的简称。集团包括国际复兴开发银行、国际开发协会、国际金融公司、多边投资担保机构和解决投资争端的国际中心5个成员机构。

在成立之初，世界银行的主要职责是帮助在1939年至1945年前后受到严重破坏的国家重建。重建完成，世界银行的重心转向发展中国家。如今，世界银行不仅为各国各地区提供贷款，还提供诸多非贷援助如赠款和紧急援助等，并在某国发生重大自然灾害或出现经济危机时需要大量资金来做出迅速应对。世界银行还在扶贫减困方面起着至关重要的作用。

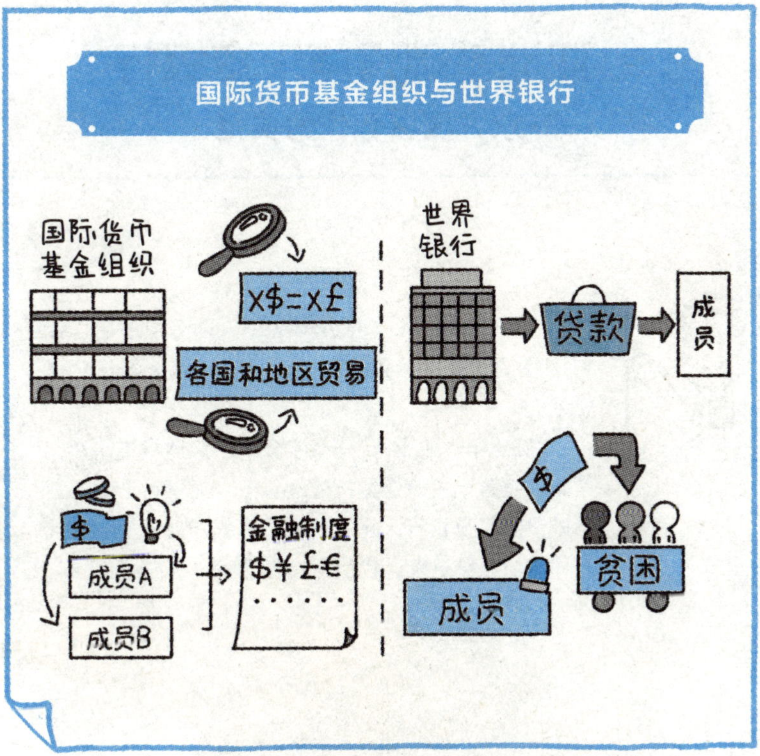

结语

时至今日，国际货币基金组织和世界银行在世界经济中发挥的作用已远不止于建立初期的促进各国和地区经济的恢复和发展了。虽说布雷顿森林体系已经瓦解，但这两个组织在国际社会中仍拥有重要地位并发挥重要作用。

5. 亚洲基础设施投资银行
——东方区域合作的典范

在了解了WTO、IMF和WB3大国际组织后，我们接着了解亚洲有哪些区域合作的组织为经济全球化献力。

2015年“亚投行”3个字掀起了媒体报道热潮，常年占据各大主流媒体报道的头条。亚投行全称亚洲基础设施投资银行，是近年来最具影响力的亚洲区域合作组织，接下来让我们一起去了解一下它吧。

亚洲基础设施投资银行是做什么的？

2013年，我国筹建亚洲基础设施投资银行的倡议在世界范围内引起了不小的关注。

亚洲基础设施投资银行（Asian Infrastructure Investment Bank，简称AIIB，亚投行）是一个政府间性质的亚洲区域多边开发机构。通俗来说，是指成员政府之间相互合作，共同投资建设亚洲地区的基础设施，其目的是促进亚洲地区间各国和地区的合作交流，为经济一体化提供支持，创造可能。

亚洲基础设施投资银行由中国发起，于2015年12月25日正式成立，虽在资历上还略显年轻，但令人惊喜的是截至2018年5月2日，亚投行的成员已增至86个，英国、德国等亚太区域外的国家已经加入。作为后起之秀，亚投行强大的潜力已受到国际社会的广泛关注。

亚投行作为一家投资银行，其组织结构与一般的商业投资银行的组织结构相近，有着常见的“会”和“层”，设立有董事会、理事会和管理层。“两会一层”的职责、义务与一般的投资银行相

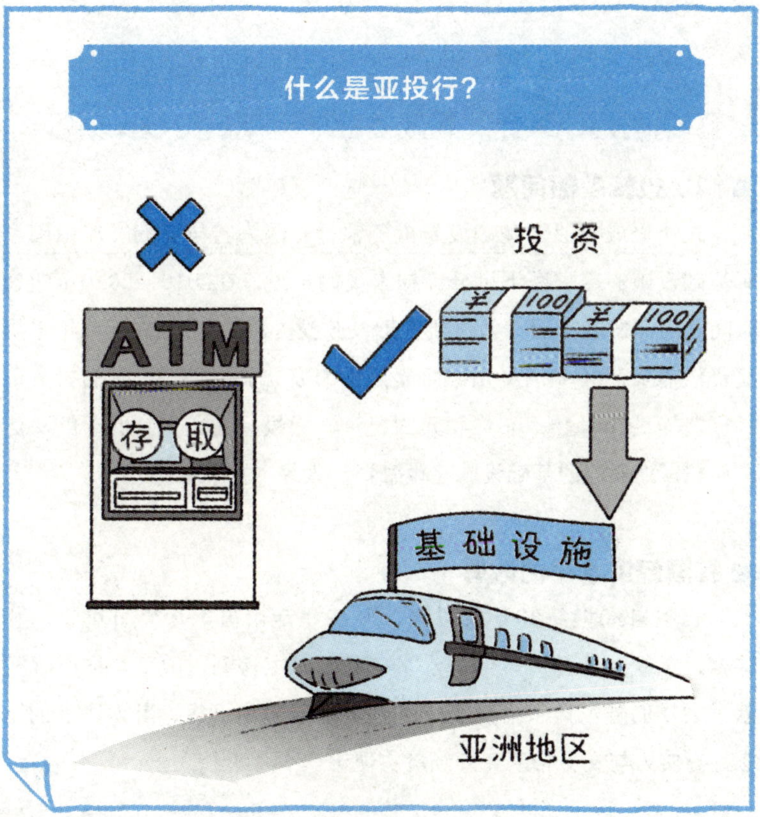

当。需要注意的是，亚投行是一家多边开发投资银行，与我们常说的中国工商银行、中国建设银行等商业银行不同，亚投行没有传统意义上的存取款业务，其主营业务是为亚洲各国和地区的基础设施项目提供融资支持，其中包括贷款、股权投资、信用担保等。然而，基础设施投资项目的回收期一般较长，投资后通常需要15～25年才能收回成本，且大部分基础设施项目的收益率偏低。投资基础设施建设虽然是造福人民的举动，但是由于其高风险、低收益、回收期长而不被市场看好，然而，这并不能影响亚投行提供融资支持的作用。

中国为什么要发起成立亚洲基础设施投资银行?

解决投资差额问题

之所以成立亚洲基础设施投资银行是因为它与亚洲发展中国家对基础设施的需求密不可分。据人民网报道，在2010～2020年的10年间，亚洲发展中国家共需要基础设施投资额约8万亿美元，年平均投资额需要7000多亿美元，而亚投行未成立前，亚洲已有的投资银行仅能提供100亿～200亿美元的投资。亚投行的成立有助于解决这一问题，为亚洲的基础设施建设融资，为经济发展献力。

我国经济水平的改善

我国自20世纪80年代以来，坚持“走出去”与“引进来”相结合，重视对外开放，经济水平在此基础上得到了改变，同时也积累了大量的外汇储备，成了亚洲地区发展势头迅猛、潜力巨大的国家，有实力与义务带动亚洲经济实现进一步飞跃。

“一带一路”倡议需要亚投行的推动

“丝绸之路经济带”与“21世纪海上丝绸之路”被称为“一带一路”倡议。这一倡议自2013年被提出以来，受到社会的广泛关注与好评。亚投行契合“一带一路”倡议友好互助的精神，助力提高“一带一路”倡议途经地区基础设施建设的融资水平，以及弥补沿线部分区域的资金缺口，为“一带一路”倡议的参与方营造良好的交往氛围。

对各金融机构的进一步完善具有借鉴意义

亚投行开创了21世纪全球治理新路径：lean、clean、green（精益、清洁、绿色），并遵循“公开、透明、择优”的原则选聘管理层。亚投行区别于现有的主要多边开发银行，有利于金融机构的变革及创新，对各成员改进自身金融市场与管理体系具有借鉴意义。

有助于改变往日秩序

如今，各区域已经发起成立了不少区域性的合作组织，如欧盟、北美自由贸易区、东南亚国家联盟等。在以往的合作组织中，西方的发达经济体往往拥有更多的话语权。而亚投行的成立有助于改变往日的秩序，使亚洲正处于发展中的经济体能够在国际经济贸易中拥有更多的话语权。

亚投行的成果

到如今，亚洲基础设施投资银行已经成立几年的时间了，那么其运营成绩如何呢？

亚投行的基本任务是促进亚洲各区域基础设施的发展。在基础设施建设方面，亚投行成绩斐然。截至2018年6月月底，亚投行在基础设施建设方面共投资约53.4亿美元，满足了部分成员的建设需求，曾帮助菲律宾防洪建设、印度贫民窟改造、孟加拉国配电系统升级改造等项目融资，改善了当地居民的生活。《2017年亚投行年度报告》就指出，成立两年多来，亚投行的融资助力使数亿人改善了生活。

在亚投行的投资项目中，对华项目很少，直到2017年12月21日，我国才迎来亚投行的首个投资项目。亚投行批准2.5亿美元用于投资“北京空气质量改善和煤改气”，为北京赢得更加湛蓝的天空。在亚投行所有的投资项目中，独立融资的项目较少，更多的是与其他投行联合融资。据世界银行的数据显示，从2016年1月到2018年1月，世界银行已与亚投行联合融资了10个项目，合作投资37亿美元。

结语

亚投行是一个政府间性质的亚洲区域多边开发机构，支持成员的基础设施建设。亚投行的成立有利于亚洲各区域的交流协作，互帮互助，为亚洲经济的发展献力；对各金融机构的进一步完善具有借鉴意义；有利于改变多边组织机构的秩序，为亚洲发展中国家赢得更多的话语权。

6. 国际金融危机

——牵一发而动全身

1929年，美国的金融业一夜之间崩溃，股票跌到谷底，银行纷纷破产倒闭，使美国的经济发展至少倒退10年。当大家以为这场灾难应该在美国停下肆虐的脚步时，全球诸多国家和地区的经济与金融指标也开始受到影响，从美国开始的这场“金融瘟疫”，逐渐蔓延至全球。这就是国际金融危机的恐怖之处。

什么是金融危机？

金融危机的实质是金融行业内部出现问题而引发金融业的整体瘫痪。

金融危机产生的原因是多方面、多层次的，无论是货币、信用、银行、债务还是股市出现问题都会引发金融危机。

金融危机爆发时，一个国家或几个国家与地区的全部或大部分金融指标（如短期利率、货币资产、证券、房地产、土地、商业破产数和金融机构倒闭数等）出现急剧、短暂和超周期的恶化。人们对未来经济产生悲观预期，经济总量与经济规模出现重大的损失，使经济增长乏力甚至停滞。

什么是国际金融危机？

随着不同国家之间金融体系的联系日益紧密，一个国家和地区所发生的金融危机通常可以通过各种渠道影响到其他国家和地区，从而引起国际范围内金融危机的爆发，即国际金融危机。

金融危机与国际金融危机

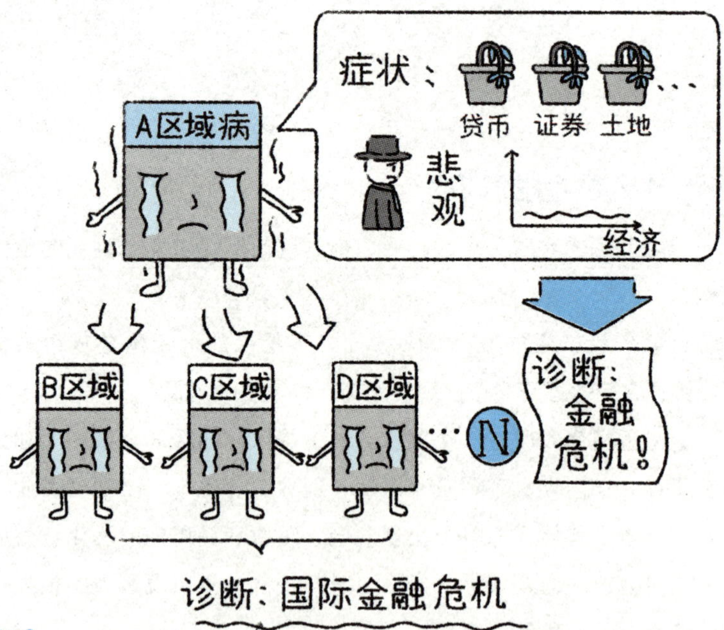

国际金融危机产生的原理

在全球化的影响下，金融危机的爆发往往是国际性的，本来只在某一国或地区发生的金融动荡，由于国家间的贸易往来或债务关系，很快影响到其他多个国家和地区甚至全球。

假设B国和A国一直在粮食作物上有良好的贸易关系。B国主要种植水稻，A国主要种植小麦。B国将自己的水稻卖给A国，A国将自己的小麦卖给B国。在两种作物收成良好、两国贸易稳定的情况下，双方都能获利。

可是有一年A国突发蝗虫灾害，小麦收成非常差，供不了货，无法获利并购买水稻。可不买，人们吃什么？B国理解A国的难处，于是照常向A国供给水稻，这意味着A国向B国借债，等下一年收成好时，A国再将欠下的等值水稻还给B国，问题就解决了。

可是第二年A国又遇到旱灾，小麦近乎停产，B国于是又“借”给了A国水稻。虽然A国的农业受损，但每年都有稳定的水稻来源。这时其他与A国进行贸易的国家并不知道这种情况，看到A国总有稳定的水稻量还是会与A国进行正常贸易。

A国表面上贸易稳定、经济发展，一旦B国与A国关系破裂，B国不向其供给物资，A国就会出现经济问题，严重影响到金融业的各项指数。随着A国经济形势的崩溃，其他国家和地区也无法收回“借”给A国的物资，于是国内产生亏空，经济遭受损失。

在国际贸易中，双方保持友好的贸易往来，但如果一方出现经济问题，以借债的方式延续贸易，出现问题的一方同时与其他的国家或地区继承保持贸易往来，问题便会越来越严重。导致债务“滚雪球”，金融行业崩溃会影响到其他相关国家和地区。这往往是国际金融危机的成因。

国际金融危机的主要表现

股市暴跌

国际金融危机发生的最直接标志是股市暴跌，因为股市与其他金融市场存在联动关系。

2008年，国际金融危机爆发，全球股市大跌，人们对股票市场的未来忧心忡忡，减少甚至停止投资，绝大多数股票跌停，很多企业家一夜之间破产，股民颠沛流离。

资本外逃

资本外逃是国际金融危机发生的又一重要标志。为了减少损失，会有大量的投资者撤回自己在危机爆发国的资金，这会进一步加剧金融危机的恶劣影响。

金融机构破产

国际金融危机还会导致银行和其他金融机构破产倒闭。由于金融危机的爆发，银行坏账连连，各种借贷机构入不敷出，大量的客户对银行等金融机构产生强烈的不信任，正常信用关系遭到破坏。人们受到大环境的影响同时到银行提取现金，银行由于流动资金不足，难以支付人们的巨额提款，进而导致破产。这种大量客户争相向银行提取存款、兑换现金的现象被称为银行挤兑。

货币不稳定

伴随着国际金融危机的爆发，各国和地区官方储备货币会减少，可能造成通货紧缩。相关管理部门为了保持市场的运转会大量发行货币，这样又会带来通货膨胀、货币贬值等问题。

国际金融危机的主要表现

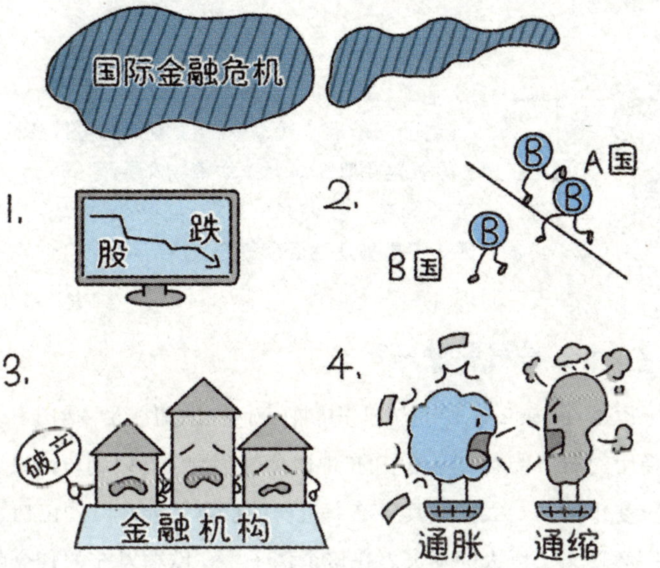

结语

国际金融危机的爆发是资本市场不断发展壮大的结果。它的出现往往悄无声息。金融危机可能是由于信贷、股市、债券等各种因素造成的，一旦某个国家和地区出现了金融危机，便很容易引发"金融瘟疫"。为了避免"金融瘟疫"，各个国家和地区都应该注意国内经济状况，及时发现并解决问题。例如，当居民收入差距过大容易引发信贷危机时，相关部门就可以通过相应的措施减少收入差距来抑制金融危机的爆发。国家之间进行贸易往来时应该减少债务的累积，保持健康的贸易关系。

7. 贸易壁垒
——高质量的商品才是适合世界的商品

所谓壁垒是指古代军营的围墙，也可以指防御工事，现代常用来比喻对立的事物和界限。

在新闻中，我们经常能听到“贸易壁垒”这个词，那么贸易壁垒是否指贸易上的界限？

什么是贸易壁垒？

欧盟在 1999 年 12 月 7 日发布指令，在欧盟成员内对3岁以下儿童使用的与口接触的玩具中的6种增塑剂含量进行限制，结果导致国际贸易市场的一大批玩具生产商生产的玩具不能在欧洲出口，给玩具厂商带来了巨大的损失。在这个例子中，欧盟发布的禁令就是存在于国际贸易间的一个壁垒。

贸易壁垒也叫贸易障碍，指某国或地区对国外商品、劳务交换所设置的人为限制。简单来说，是一国或地区出于各种原因，如想保护本国或地区的产业不受别国家或地区过分干扰而设置的贸易屏障等。

如今，人们对环保和健康的要求越来越高，针对这方面的贸易壁垒也越来越多。例如，如果一家企业在生产某种产品时，产品的二氧化碳排放量达不到进口国的标准，进口国就会限制或拒绝对该企业产品的进口。

贸易壁垒的分类

贸易壁垒一般分为关税壁垒和非关税壁垒。

关税壁垒

关税壁垒是指通过征收高额的进口税和各种进口附加税的办法来限制国外商品进入国内市场。

例如，A国生产的鞋子要卖到B国去，定价为500元一双。B国国内生产一样的鞋子，定价为600元一双。这时B国的消费者会选择购买A国生产的鞋子。如此一来，B国的厂商不乐意了，于是，B国针对A国的厂商给这批鞋子征收了30%的进口税。那么，此时A国生产的鞋子售价会提高，鞋子的售价将高达500×（100%+30%）=650（元）。这时，B国消费者将会选择更加便宜且质量同等的B国生产的鞋子。

非关税壁垒是指一国或地区采取除关税以外的各种办法，对本国或地区对外贸易活动进行调节、管理和控制的一切政策与手段的总和。非关税壁垒的实施办法大致分为直接和间接两大类。

非关税壁垒

直接的非关税壁垒

直接的非关税壁垒所采取的办法是“开门见山”，直接对进口商品的数量或类型进行限制。

以B国进口A国商品为例。B国一家企业向A国企业下订单购买10吨布料，之后A国企业备好了货，在准备发货时，B国相关管理部门发出限制进口布料的限令，每家企业最多只能进口5吨布料。此

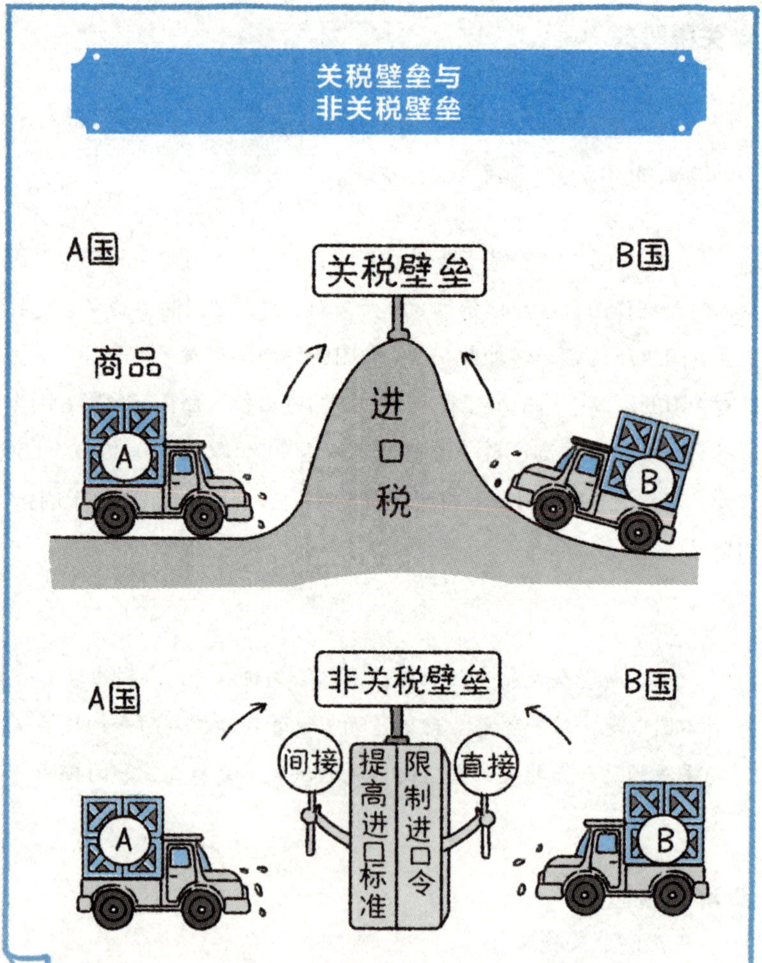

时，A国的企业就会面临如何处理余下的5吨布料的窘境。

间接的非关税壁垒

这种方式更加隐蔽或者说看起来更加“合理”。如上文中欧盟发布的关于儿童玩具指令的例子，不直接限制产品进入和产品的数量，而是通过设置间接的非关税壁垒对进口商品制定严格的条例和标准，间接限制商品的进口。

进口国或地区这样做的目的可能是保护环境或保护本国人民的健康，也有可能是以绿色环保健康为名来保护本国或地区的产业不受他国或地区产业的影响。

非关税贸易壁垒的种类繁多，涉及产品质量、包装盒标签、产品安全、消费者保护和环境保护等各个方面。

结语

企业无论大小，只要想"走出去"，就会遇到贸易壁垒的问题。大规模企业在生产过程中可以提前配备法律顾问，防患于未然；中小企业比较容易忽视贸易壁垒问题。企业无论大小，一旦需要"走出去"，都要做好准备工作，加强研发能力，生产符合出口标准的高科技产品、绿色产品。